中小企业

税务筹划、财税核算与纳税实操

一本通

顾 萍 杨 凤 ◎ 著

中国铁道出版社有限公司

CHINA RAILWAY PUBLISHING HOUSE CO., LTD.

图书在版编目（CIP）数据

中小企业税务筹划、财税核算与纳税实操一本通 / 顾萍，杨凤
著.—北京：中国铁道出版社有限公司，2022.8
ISBN 978-7-113-29137-2

Ⅰ.①中…　Ⅱ.①顾…　②杨…　Ⅲ.①中小企业-税收管理-中国
Ⅳ.①F812.423

中国版本图书馆 CIP 数据核字（2022）第 080000 号

书　　名：中小企业税务筹划、财税核算与纳税实操一本通
　　　　　ZHONG-XIAO QIYE SHUIWU CHOUHUA，CAISHUI HESUAN YU
　　　　　NASHUI SHICAO YIBENTONG
作　　者：顾　萍　杨　凤

责任编辑：王　宏　　　编辑部电话：（010）51873038　　　电子邮箱：17037112@qq.com
封面设计：宿　萌
责任校对：孙　玫
责任印制：赵星辰

出版发行：中国铁道出版社有限公司（100054，北京市西城区右安门西街 8 号）
印　　刷：北京柏力行彩印有限公司
版　　次：2022 年 8 月第 1 版　2022 年 8 月第 1 次印刷
开　　本：710 mm×1 000 mm 1/16　印张：16.25　字数：223 千
书　　号：ISBN 978-7-113-29137-2
定　　价：69.80 元

前言

可能一些财会人员会觉得实务中的税务工作并不困难，很多应缴税费的数额可以直接通过财务系统核算得出，于是便忽略了税务工作的重要性。

然而，在中小企业内部，财会人员数量有限，很可能出现负责会计工作的人员还要负责一些税务工作的处理。此时若财会人员由于时间仓促、业务不熟等原因，很可能会拖慢公司税务工作的节奏，甚至让公司面临纳税风险，如迟缴税款、漏税等。

因此，想要成为一名优秀的财会人员，为企业做好税务处理与纳税工作，就必然需要牢固掌握税务知识，熟练处理日常税务工作。那么，中小企业经营过程中会涉及哪些税务问题呢？

首先，为了减轻企业的经营负担，财会人员需要协助企业提前进行纳税筹划；其次，要及时、足额地缴纳税款，需要在日常工作中做好应交税费的计算；最后，要按规定进行纳税申报，需要清楚知道税务机关做出的征收管理规定。

从知税到算税，再到纳税，各个环节都要合法、合规、合理，这样才能保证企业正常运转，及时缴纳税款，避免陷入税务危机。

为了帮助财会人员，甚至是中小企业内部专门负责处理税务的人员切实掌握税务相关知识与税务实务操作流程，提高工作能力，同时有效地为企业减轻税负，我们创作了本书。

本书共八章，可划分为三部分。

◆ 第一部分为第 1～4 章,这部分主要是介绍税及税务筹划的基础知识,并且介绍各种税的应纳税额计算以及涉及的账务处理,让读者从理论认识和具体计算出发,了解企业财税处理核算工作。

◆ 第二部分为第 5～6 章,这部分主要介绍各种税可以采用的纳税筹划方法,并适当地对筹划方法进行比较分析,让读者了解到纳税筹划没有好坏之分,只有适合与合理之说。

◆ 第三部分为第 7～8 章,这部分是对中小企业经营过程中可能涉及的各种税的纳税申报工作以及具体的税收征收管理规定进行详细介绍,让纳税人知道实用的税务工作处理思路。

全书结构明晰、前后内容相关度极高,不仅有必备的理论知识做引导,还有具体的案例计算分析作讲解,使原本枯燥的内容更有趣、更灵活、更紧贴实际,学习起来更易理解和掌握,可以帮助财会人员系统地了解并学会处理税务工作,提高自身工作能力。

最后,希望所有读者都能从本书中学到想学的税务知识,加深对税务工作的认识和重视,轻松处理日常税务工作。

编　者

2022 年 3 月

目录

第 1 章　初识税及税务筹划

第 2 章　增值税和消费税的财税核算

第 3 章　企业所得税和个人所得税的财税处理

第4章 其他税种的财税核算处理

第5章　增值税与消费税的纳税筹划

第6章 所得税与其他税种的纳税筹划

第7章 增值税、消费税和附加税费的纳税申报

第8章 财产和行为税的纳税申报

第 ① 章

初识税及税务筹划

税是指国家为了维持其运转以及为社会提供公共服务，对企业或集体、个人强制并无偿征收的货币或实物，目前企业或集体、个人通常以货币形式缴税。各国各地区税法不同，税收制度不同，分类不同，概念也有区别。本书主要对我国税收及税务筹划等相关内容进行介绍。

1.1 关于税的基本认识

税涉及的内容非常多，如税收、税制、税款、税法以及税率等。要想正确、顺利地进行税务筹划，首先需要了解什么是税，什么是税制，我国现行的税种有哪些等基本知识。

1.1.1 税制要素及其含义

税制即税收制度，是指国家以法律或法规的形式确定的各种课税方法的总称，是政府税务机关向纳税人征税的法律依据，也是纳税人履行纳税义务的法律规范。

税制由纳税人、课税对象、税目、税率、纳税环节、计税依据、纳税期限、纳税地点、税收优惠以及法律责任等要素构成。这些要素的含义见表1-1。

表1-1 税制各要素的含义

税制要素	含　义
纳税人	纳税人也称课税主体、纳税义务人，主要是指税法规定的负有纳税义务、直接向政府缴纳税款的自然人和法人。这里的自然人是指本国公民及在本国居住或从事经济活动的外国公民；法人是指依法成立、享有民事权利并能独立承担民事责任的企业和社会组织
课税对象	课税对象也称征税对象、课税客体，是指税法规定的、征纳税双方权利义务共同指向的客体或标的物，是区别一种税与另一种税的重要标志。比如，消费税的征税对象是消费税条例规定的应税消费品，房产税的征税对象是房屋等
税　目	税目是指在税法中对课税对象分类规定的具体的征税项目，反映具体的征税范围，是对课税对象质的界定。凡是列入税目的就是应税项目，未列入税目的，不属于应税项目 国家可以根据国家经济政策以及不同项目的利润水平等，制定高低不同的税率，以体现不同的税收政策

续表

税制要素	含 义
税 率	税率是指纳税人的应纳税额与征税对象数额之间的比例，是法定的、计算应纳税额的尺度。税率的高低，直接关系到国家财政收入的多少和纳税人负担的轻重，体现国家对纳税人征税的深度，是税收制度的核心要素
纳税环节	纳税环节主要指税法规定的征税对象在从生产到消费的流转过程中应缴纳税款的环节。商品从生产到消费要经历多个流转环节，各环节都存在销售额，都可能成为纳税环节。但国家考虑到税收对经济的影响，以及财政收入的需要，对在商品流转过程中所征的税种规定不同的纳税环节，而按照某种税的征税环节的多少，就可以将税种划分为一次课征制和多次课征制
计税依据	计税依据又称税基，是计算征税对象应纳税款的直接数量依据，是对课税对象的量的规定。按照计量单位的性质不同，可将计税依据划分为价值形态和物理形态两类，价值形态的计税依据主要包括应纳税所得额、销售收入等；物理形态的计税依据主要包括面积、体积和重量等。以价值形态作为税基的，又称从价计征；以物理形态作为税基的，又称从量计征
纳税期限	纳税期限指税法规定的关于税款缴纳时间方面的限定，主要内容包括三点：一是纳税义务发生时间；二是纳税期限；三是缴库期限。对于纳税人来说，比较常用的是纳税义务发生时间和纳税期限
纳税地点	纳税地点指税法规定的纳税人申报纳税的地点。针对统一税种，不同的经营情形其纳税地点都有可能不同，实务中需要按照具体的规定执行纳税申报工作
税收优惠	税收优惠指国家运用税收政策，在税收法律、行政法规中规定对某一部分特定企业和课税对象给予减轻或免除税收负担的一种措施，主要有免税、减税、低税率、加计扣除、减计收入和税额抵免等方面的优惠措施
法律责任	法律责任指对违反国家税法规定的行为人采取的处罚措施，一般包括违法行为和因违法而应承担的法律责任两部分内容。这里的违法行为主要是违反税法规定的行为；法律责任则包括行政责任和刑事责任，纳税人和税务人员违反税法规定的，都将依法承担法律责任

税法是各种税收法规的总称，是税收机关征税和纳税人据以纳税的法

律依据。从表 1-1 内容也可以看出，很多税制要素都要符合税法的规定。税法与税制不能等同，税法更侧重法律、法规，而税制更侧重制度、机制。

1.1.2 初步了解我国现行的 18 个税种

税种指税收种类，是一个国家税收体系中的具体税收种类，是基本的税收单元。我国现行税种主要有 18 种，分别是增值税、消费税、关税、城市维护建设税、企业所得税、个人所得税、房产税、契税、土地增值税、城镇土地使用税、耕地占用税、车辆购置税、车船税、印花税、资源税、环保税、烟叶税和船舶吨税。

本书后续章节会对这些税种的计缴以及纳税申报进行详细地说明，这里先简单了解这些税种的含义，见表 1-2。

表 1-2　我国现行 18 种税

名　　称	含　　义
增 值 税	增值税是以商品或应税劳务在流转过程中产生的增值额作为计税依据而征收的一种流转税。该税种实行价外税，由消费者负担。特点是：有增值才征税，无增值不征税
消 费 税	消费税是以消费品的流转额作为征税对象的各种税收的统称，是典型的间接税，也是流转税。该税种实行价内税，作为产品价格的一部分而存在，最终同样由消费者负担。特点是：征收环节单一，大多数在生产或进口环节征收
关 　 税	关税是引进、出口商品经过一国关境时，由政府设置的海关向其引进、出口商品征收的税收。该税种的应纳税额核算比较复杂，涉及最惠国税率以及协定税率等特殊税率的运用，实务中需要根据海关总署发布的相关政策、规定计缴关税
城市维护建设税	城市维护建设税是以纳税人实际缴纳的增值税和消费税税额为计税依据，依法计征的一种税。该税种是增值税和消费税的附加税，其作用是加强城市的维护建设，扩大和稳定城市维护建设资金的来源。特点是：随增值税、消费税计征

续表

名　　称	含　　义
企业所得税	企业所得税是对我国境内的企业和其他取得收入的组织的生产经营所得和其他所得，征收的一种所得税。这里的企业包括居民企业和非居民企业。特点是：有所得时征税，亏损时不征税
个人所得税	个人所得税是对个人（即自然人）取得的各项应税所得征收的一种所得税。这里的个人包括居民纳税人和非居民纳税人。特点是：超过起征点，超过的部分征税；未超过起征点，不征税
房　产　税	房产税是以房屋为征税对象，以房屋的计税余值或者租金收入为计税依据，向产权所有人征收的一种财产税
契　　税	契税是指不动产（包括土地、房屋）产权发生转移变动时，就当事人所订契约，按房价的一定比例向新业主（即产权承受人）征收的一次性税收。特点是：在产权发生转移时一次性征税
土地增值税	土地增值税是对我国境内转让国有土地使用权、地上建筑物及其附着物的单位和个人，以其转让房地产所取得的增值额为课税对象而征收的一种税。与增值税相似，都是以增值额为课税对象，但该税种主要与土地及地上建筑物有关
城镇土地使用税	城镇土地使用税是指国家在城市、县城、建制镇、工矿区范围内，对使用土地的单位和个人，以其实际占用的土地面积为计税依据，按照规定的税额计算征收的一种税。该税种是一种行为税，征税对象为土地，征税范围只是城市、县城、建制镇和工矿区内的土地
耕地占用税	耕地占用税是对占用耕地建房或从事其他非农业建设的单位和个人征收的一种税。该税种兼具资源税与特定行为税的性质，特点是：在占用耕地环节一次性课征，税收收入专用于耕地开发与改良
车辆购置税	车辆购置税是对在境内购置规定车辆的单位和个人征收的一种税。该税种以特定车辆为课税对象，范围窄，是一种特种财产税。特点是：在购买环节一次性课征
车　船　税	车船税是车船使用税的简称，是对在中华人民共和国境内的车辆、船舶的所有人或者管理人，按照中华人民共和国车船税法的规定而征收的一种税。该税种通常在投保交强险时缴纳，特点是：只要还在使用车船税法规定的车船，就需要按年缴纳税费

名　称	含　义
印花税	印花税是对在经济活动和经济交往中书立、领受具有法律效力的凭证的行为征收的一种税。这里的凭证主要包括各类合同、产权转移书据和营业账簿，另外，证券交易的发生也需要按规定缴纳印花税
资源税	资源税一般指自然资源税，是以各种应税自然资源为课税对象，为了调节资源级差收入并体现国有资源有偿使用而征收的一种税。在我国境内开采应税矿产品和生产盐的单位和个人是资源税的纳税义务人
环保税	环保税指环境保护税，是为了保护和改善环境，减少污染物排放，推进生态文明建设而征收的一种税。其征税范围主要包括大气污染物、水污染物、固体废物和噪声，特点是：排放污染物不符合相关法律、法规和政策的规定，需要缴纳环保税；排放污染物符合规定的，不缴纳环保税
烟叶税	烟叶税是以纳税人收购烟叶的收购金额为计税依据而征收的一种税。烟叶税法规定的烟叶是指烤烟叶和晾晒烟叶。该税种比较特殊，以收购烟叶的单位为纳税人，而不是销售烟叶的单位或个人为纳税人
船舶吨税	船舶吨税也称为"吨税"，是海关代国家交通管理部门在设关口岸对进出中国国境的船舶征收的，用于航道设施建设的一种税。也可以简单理解为是一国船舶使用了另一国家的助航设施而向该国缴纳的一种税。船舶吨税要与车船税区分，船舶吨税只针对规定的船舶征税，而车船税的征税范围包括应税车辆和应税船舶

在上述 18 种税中，有些税种只在特殊的行业或者发生特定的行为时才会征收，如资源税、环保税、烟叶税和船舶吨税；其他的税种在各行各业的经营管理过程中都有可能涉及。

正确认识这些税种的含义以及征税范围，可以帮助企业顺利且合法地进行纳税筹划，进而为企业减轻经营负担。接下来了解一些纳税筹划的基本知识点。

1.2 关于税务筹划需要知道的基础知识

税务筹划也称纳税筹划，是指企业通过对涉税业务进行策划，制作一整套完整的纳税操作方案，从而达到节税的目的。而这一方案包括了企业方方面面的税务筹划工作。那么，为什么要进行税务筹划？怎么做才能使税务筹划合法？这些都要在制作筹划方案之前搞清楚。

1.2.1 为什么要进行税务筹划

因为进行了税务筹划，就能有效地为企业减轻税收负担，从而使企业创造的利润有更多的部分合法地留归企业，用来继续发展。所以进行税务筹划是很有必要的。那么，企业进行税务筹划的具体原因有哪些呢？

（1）经济利益的驱动

任何企业进行纳税筹划，根本原因就是经济利益的驱动，即企业为了追求自身经济利益的最大化。这也是企业进行纳税筹划的主观原因。

通过调查发现，我国国有企业、集体企业和个体经营者中的一部分，有到经济特区、开发区以及税收优惠地区从事生产经营活动的愿望和要求，因为这些地方的税收负担轻、应交税额较少。

因为企业经营所获利润等于收入减去成本费用，最终再减去税收支出，所以，在收入不变的情况下，降低企业或个人的成本费用及税收支出，可以获取更多的利润。

（2）有筹划的空间和可能

企业之所以会进行税务筹划，从客观方面来讲，还因为税制本身的特点，使得纳税这一事务存在可以筹划的空间。具体表现在以下六个方面：

◆ 纳税人定义可变通。

法律对于任何一种税都要界定特定的纳税人，而这种界定在理论上包括的纳税人与实际上包括的纳税人有差别，这种差别的原因就在于纳税人定义的可变通性，也正是这种可变通性诱发了纳税筹划行为。

比如，特定的纳税人要缴纳特定的税，但如果纳税人能够说明自己不属于该税的纳税人，且理由合理、充分，就自然不用缴纳该种税。

◆ 课税对象的金额可调整。

各税种的应纳税额的计算，关键在于两个因素：一是课税对象的金额或数量；二是适用税率。所以，纳税人在既定税率的前提下，课税对象的金额或数量越小，税额就会越少，税负就越轻。为此，纳税人就会想办法尽量调整课税对象的金额或数量，使税基变小。

◆ 税率有差别。

我国税制中，不同的税种有不同的税率，且同一税种对应的不同税率也可能有不同的税率。这种广泛存在的税率差别性，也为企业和个人进行纳税筹划提供了良好的客观条件。

◆ 全额累进临界点的突变。

全额累进税率的变化幅度比较大，尤其是在累进级距的临界点附近，这样就会诱使纳税人采用各种方法，使课税金额停留在临界点低税率一侧。

知识延伸 | 什么是全额累进税率

全额累进税率是指以征税对象的全部数额为基础，计征税款的累进税率，凡税基（即计税依据）超过某个级距，就要以全额适用相应级距的税率征税。全额累进税率是超额累进税率的对称。

◆ 起征点的税收优惠规定。

起征点是课税对象金额的最低征税额，低于起征点的可以免征；而超过起征点的，却需要全额征收。这样的规定也会诱使纳税人采取必要的措施，使自己的应纳税所得额保持在起征点以下。

◆　各种减免税的税收优惠规定。

多数税种通常都有明确的减免税优惠政策和规定，以便扶持特殊的纳税人。正是因为有这样的税收优惠，所以纳税人会想尽办法使自己符合减免税条件，争取获得这些优惠。

这些纳税筹划空间和可能性的存在，就像是为纳税筹划提供的温床，让企业有了减轻税负的需求和欲望。但要明确的是，所有纳税筹划手段都要符合法律、法规和政策的规定，如果不符合，就不再是纳税筹划，而属于偷逃税款的违法行为。

1.2.2　税务筹划要遵守的原则

为了提高税务筹划的合法性、合理性以及有效性，在进行税务筹划时必然需要遵守一定的原则，主要有以下四项：

（1）事前筹划原则

纳税筹划必须要做到与现行的税收政策及法令等不冲突。纳税人可以根据已知的税收法律规定，调整自身的经济活动及事务，选择最佳的纳税方案，争取最大的经济利益。

如果没有遵循事前筹划原则，则当经济业务已经发生，应税收入已经确定时，纳税筹划就会失去意义。

因此，企业进行纳税筹划，必须要在经营业务尚未发生时，或者收入未取得时，提前做好筹划安排。

（2）保护性原则

企业经营形成的各种账簿、凭证都是记录企业经营情况的真实凭据，是税务机关进行征税的重要依据，更是证明企业没有违反税收法律的重要证明。因此，企业在进行税收筹划后，要保护好账目、记账凭证和账簿等有关会计资料，确保其完整、正确，以备后期进行税务检查或税务稽查时使用。通常，这些会计资料的保管期不得短于税收政策规定的补征期和追征期。

根据《中华人民共和国税收征收管理法》第五十二条的规定：因税务机关的责任，致使纳税人、扣缴义务人未缴或者少缴税款的，税务机关在3年内可以要求纳税人、扣缴义务人补缴税款，但是不得加收滞纳金。因纳税人、扣缴义务人计算错误等失误，未缴或者少缴税款的，税务机关在3年内可以追征税款、滞纳金；有特殊情况的，追征期可以延长到5年。

从上述规定可知，第一个"3年内"就是补征期，第二个"3年内"就是追征期。

（3）经济原则

为了能使纳税筹划方案发挥出应有的作用，企业在进行纳税筹划时，要综合考虑采取筹划方案是否给企业带来了绝对的利益，同时还要考虑企业整体税负的降低以及纳税绝对值的降低。

在实际的纳税筹划工作中，许多纳税筹划方案从理论上看似乎可以少缴纳一些税金，但在实际执行筹划方案时往往不能达到预期效果，主要原因是有些纳税筹划方案不符合成本效益原则。

纳税筹划在为企业降低税收负担、获得部分税收利益的同时，还会因为实施纳税筹划方案而付出额外的费用，导致企业经营过程中的相关成本增加，甚至因为选择了某筹划方案而放弃其他方案所必须面临的机会收益的丧失。

比如，企业运用转让定价方式减轻自己的税负时，需要花费一定的人力、物力和财力在低税负区内设立相应的办事机构，而这些机构的设立可能完全是出于纳税筹划的考虑，而非正常的生产经营需要。这样一来，就会给企业增加相应的经营成本，这些成本可能会抵消掉因进行纳税筹划而获得的税收利益，甚至反而使企业的利润降低。

所以，企业在纳税筹划之前需要进行必要的税务咨询，保证自身制定的纳税筹划方案遵循成本效益原则。只有当筹划方案下的企业所得大于支出时，该项纳税筹划方案才是成功的。

（4）适时调整原则

纳税筹划是针对企业某一时期的经营情况而制定的一种方案，是一定历史条件下的产物，因此，不论多么成功的纳税筹划方案，一旦时间、条件、地点等发生变化，就可能使其失去筹划的作用。这就需要企业根据自身经营情况，不断地调整纳税筹划方案。

任何纳税筹划方案都要在一定地区、一定时间和一定的法律法规环境条件下，以一定的企业经济活动为背景制定，具有针对性和时效性。如果纳税筹划方案一成不变，就很可能妨碍企业实现财务管理目标，从而增加企业的税负。

1.2.3　了解税务筹划的特征

由于税务筹划很容易演变成偷税、漏税或逃税，因此认识并了解其特征，才能保证税务筹划真正发挥其减轻企业税负的作用。笔者认为税务筹划具体有以下四点特征。

（1）合法性

不管是什么企业，税务筹划都应该是在合法条件下进行的，是在对国家制定的税法进行比较分析和深入研究后，进行的纳税优化选择。

这是税务筹划最基本的特征，具体表现为税务筹划运用的手段是符合现行税收法律、法规的，与现行国家税收法律、法规不冲突。另一方面还表现在税务机关无权干涉，国家只能采取有效措施，对有关税收法律、法规进行监理、健全和完善，堵塞纳税人利用税法漏洞得到减轻税负和降低纳税成本的结果。并且在对待纳税人进行税务筹划时并不能像对待偷税、逃税那样追究纳税人的法律责任，而只能默认企业进行税务筹划，同时利用纳税人进行税务筹划找出的税法漏洞，不断完善税收法律、法规。

（2）政策导向性

税收是国家控制的一个重要经济杠杆，通过税收优惠政策，多征或减征税收，引导纳税人采取符合政策导向的行为，实现国家宏观经济调整或治理社会的目的。

而纳税筹划属于一种理财活动，也是一种策划活动，人们策划活动总是为了实现一定的目的和目标，如果没有明确的目的和目标，就无法具体开展筹划活动。因此，纳税筹划中的一切选择和安排，都要围绕节约税收成本的目标进行，同时以税收政策为导向，策划纳税筹划方案的具体实施细节。

（3）专业性

由于纳税筹划是纳税人对税法的深入研究后所做的税法运用，是一项专业技术性很强的策划活动，因此，要求负责纳税筹划的筹划者精通国家税收法律、法规，熟悉财务会计制度，且要时刻清楚如何在既定的纳税环境下，通过纳税筹划节约税收成本，实现企业财务管理目标。

（4）时效性

国家的税收政策以及法令是纳税人进行纳税筹划的一个外部的客观环境，纳税人只能适应这样的环境，无法改变它，所以纳税筹划会受到现行税收政策和法令的约束。一旦客观环境改变，企业之前进行的纳税筹划就会失去时效性，而为了继续保证纳税筹划方案的时效性，就需要企业不断地根据修正和完善的税收法律、法规、政策等，调整自身的纳税筹划方案。

1.2.4 税务筹划的常见思路

税务筹划的高技术性，决定了筹划工作的复杂性，所以并不是随随便便的一个策略或方法就能真正达到减轻企业税负的目的。实践中，税务筹划有比较常见的一些思路，下面做简要介绍，以供纳税人参考。

利用本国税法和税收政策规定的差异实施纳税筹划。

企业利用本国税法和税收政策规定的差异进行纳税筹划，是最不容易违反法律规定的方法之一。在这种思路下，纳税筹划方法主要有以下五种：

◆ 利用企业不同的经济性质存在的税负差异。

比如，内、外资企业的企业所得税税负存在差异，通过选择不同的企业经济性质，可以满足适合低税率或税收优惠的条件，以此实施纳税筹划。

又如，税收优惠政策中对某些特殊的行业企业实行"即征即退"的增值税规定，也为企业实施纳税筹划提供了机会。

◆ 利用行业税负差异。

从事不同行业的经营活动的纳税人，面临的税负很可能是不同的。比如消费税的应税消费品——卷烟，甲类卷烟在生产环节需要按照 56% 加 0.003 元 / 支的复合税率征税，而在批发环节需要按照 11% 加 0.05 元 / 支的复合税率征税。换句话说，从事甲类卷烟生产经营的企业，需要按照 56% 加 0.003 元 / 支的复合税率计缴消费税；而处于甲类卷烟批发行业的企业，需要按照 11% 加 0.05 元 / 支的复合税率计缴消费税。

◆ 利用特定企业的税收优惠政策。

特定企业的税收优惠政策包括适用低税率、投资抵减收入或应纳税额、免征、减征以及加计扣除等。

比如，雇用残疾人员达到一定比例的企业，其为了安置残疾人员所支付的工资可以加计扣除，这样最终应纳税所得额就会减少，相应就会减少应纳税额。

◆ 利用地区税负差异。

我国对设在经济特区、经济开发区、高新技术开发区和保税区等区域内的企业，规定了较多的税收优惠政策。对于在特定地区内注册的企业，只要投资方向和经营项目符合一定要求，就可以享受税收优惠政策，这也给企业提供了纳税筹划机会。

◆ 利用纳税环节的不同规定。

比如我国的消费税，仅在生产商销售或进口环节征收，经销商企业销售应税消费品通常不需要缴纳消费税。因此，一些消费税的纳税人就利用消费税实行单环节征税的法律规定，通过设立关联销售机构，利用转让定价的方式，尽可能多地减少生产企业的销售收入，从而达到少缴消费税的目的。

另外，不同规模的企业税负差异、不同组织结构企业的税负差异以及不同消费品生产经营企业的税负差异等，都为纳税人进行纳税筹划提供了条件。

无论是哪种思路，纳税筹划都要以符合税收法律、法规、政策的规定为前提，并以政策为导向实施。

1.3 了解税收筹划的基本方法

在进行税收筹划之前，需要先了解税收筹划的基本方法，以便提高税收筹划的成功率。

1.3.1 组织形式筹划法

组织形式筹划法即通过改变企业的组织形式来达到纳税筹划的目的。如果是准备新设立企业，则可以在设立企业之前选择企业的组织形式，以期达到纳税筹划目的；如果是已经存在的企业，则通常需要另设企业才能实现纳税筹划目的。

组织形式筹划法中，常用下列两种筹划思路：

（1）企业性质的选择

企业性质不同，需要缴纳的税种就会不同。比如股份有限公司和合伙企业的选择、外资企业类型的选择等。

◆　股份有限公司和合伙企业的选择。

股份有限公司或者有限责任公司都属于公司企业，具有法人主体，经营过程中需要根据法律、法规和政策的规定缴纳企业所得税以及其他涉及的税费，同时各投资者还需要根据自身分得的收益缴纳一次个人所得税。

而合伙企业属于自然人主体，经营过程中不需要缴纳企业所得税，而是由各个合伙人按照自己分得的收益缴纳个人所得税，公司方面则缴纳其他涉及的税费。

由此可见，在所有经营情况一致的情况下，选择设立合伙企业，最终缴纳的税费合计数似乎更少，主要就是少了企业所得税那部分。但是实务中，规模庞大、管理水平要求高的大企业，采用合伙企业组织形式时会给管理增加难度，甚至会使企业难以正常、健康地运营起来，所以通常采用股份有限公司或有限责任公司的组织形式。

而规模不大的企业，可以采用合伙企业的组织形式，因为企业本身的管理工作难度不大，合伙共管也能见到管理成效，并且合伙企业可以从纳税规定中享受到某些税收优惠，从而获得不少利润。

◆　外资企业类型的选择。

外资企业分为中外合资经营企业、中外合作经营企业以及外商独资企业三种类型。各类外商投资企业适用的税种和税率基本相同，但中外合作经营企业因为其组织形式的特殊性，所以与外商投资企业在税收方面有所不同。

中外合作经营企业又可以分为两种类型：紧密合作型和松散合作型。其中，紧密合作型的中外合作经营企业的合作双方组成了新的法人企业，所以在税收上完全按照外商投资企业办理，可享受国家对外商投资企业的税收优惠政策；而松散合作型的中外合作经营企业没有形成独立的法人，因此不能按照外商投资企业办理税务，也就不能完全享受相应的税收优惠政策，只能对外资部分给予税收优惠，而对中方部分不予照顾，仍然按照内资企业办理税务。

由此，纳税人可以从外资企业的类型入手，选择设立合适的外资企业，以达到纳税筹划的目的。

（2）子公司和分公司的选择

经济市场中，很多公司为了发展业务、扩大经营规模，会设立分支机构再投资。此时就会面临选择，是选择设立子公司，还是设立分公司，因为选择设立子公司还是分公司，最终对企业所产生的税负是不同的。为了减轻企业的税负，使企业经营达到利润最大化，甚至企业价值最大化，就需要认真选择是设立子公司还是分公司。

如果设立子公司，通常需要办理很多手续，且需要达到预设立子公司所在地规定的公司创办条件。创办成功后，子公司独立承担纳税义务，同时作为独立法人主体，可以享受当地税收规定的众多优惠政策。一般来说，当企业逐渐发展起来，达到扭亏为盈的经营状态，就可以设立子公司，此时不仅是子公司，母公司也能享受其所在地规定的税收优惠政策。

如果设立分公司，则不能被视为独立法人主体，很难享受公司所在地区的税收优惠待遇。但是，分公司作为总公司统一体中的一部分，接受统一管理，损益共计，可以平衡自身的经济波动，却只承担有限的纳税义务。另外，设立分公司无须接受各方面的检查，对整个公司来说，其财务资料可以保密。通常，当企业处于初创期，或者长时间处于无法盈利的经营状态时，设立分公司可以利用公司扩张成本抵冲总公司的利润，从而减轻税负。

1.3.2　税制要素筹划法

在本章 1.1.1 节的内容中已经介绍过税制要素有哪些，它们是处理税务工作必然会涉及的概念。从税制要素出发，也能找到一些纳税筹划的方法与技术。

（1）纳税范围筹划技术

我国税制对不同税种的纳税范围都有明确的规定，因此，企业可以在一定条件下，合理安排自身的经济行为和业务内容以及纳税事项，避免进入某税种或某些税种的纳税范围，这样就可以合理节税。

该纳税筹划技术一般涉及增值税、消费税、个人所得税、城镇土地使用税和耕地占用税等税种。

（2）税基筹划技术

税基也可以理解为计税依据，税基筹划就是指纳税人通过缩小计税依据的方式来减轻税负。

对于企业来说，在适用税率一定的前提下，税额的大小主要与计税依据的大小成正比关系。计税依据越大，纳税人所要承担的纳税义务就会越大；反之，计税依据越小，纳税人所要承担的纳税义务就会越小。

例如，企业所得税的应纳税额计算，公式为：应纳税额＝应纳税所得额 × 企业所得税税率，该公式中的"应纳税所得额"就是税基，在企业所得税税率一定的情况下，"应纳税所得额"越少，则应纳税额越少。但是有一个问题，如果企业的应纳税所得额太少，就可能导致企业最终的利润不高，不利于后期的发展。所以在利用税基筹划技术降低企业所得税时，一定要适度，要遵循成本效益原则。

（3）税率筹划技术

税率筹划技术指纳税人通过降低适用税率的方式减轻税收负担。税率也是税制的一个重要因素，更是决定纳税人税负高低的主要原因。

对企业来说，在税基一定的情况下，应纳税额的大小主要与税率的高低成正比关系。适用税率越高，应纳税额越多，纳税人所要承担的税负就会越重，在同等收益的基础上，税后收益就会越少；反之，适用税率越低，应纳税额越少，纳税人所要承担的税负就会越轻，在同等收益的基础上，税后收益就会越多。

但是，税率低并不代表企业就能实现税后利益最大化，税后利益最大化受到税前利益和税率的共同影响。因此，在运用纳税筹划中的税率筹划技术时，主要是寻求税后利益最大化的最低税负点或最佳税负点。

（4）递延纳税技术

递延纳税技术实际上是从税制要素中的纳税期限出发的，即合理延迟纳税，这样就可以获取税费对应的资金时间价值，相当于获得了自助的无息贷款。

递延纳税可以减少企业当期的现金流出量，降低支付风险，增强企业的资金流动性。

运用递延纳税技术的关键在于纳税环节、抵扣环节、纳税时间和纳税地点，纳税人可通过合同控制、交易控制以及流程控制，延缓纳税时间；也可以合理安排增值税进项税额的抵扣时间，或者所得税的预缴、汇算清缴的时间以及额度，达到合理推迟纳税的目的，从而减轻企业税负。

1.3.3　税负转嫁筹划法

税负转嫁是指纳税人将所缴纳的税款通过各种途径和方式转由他人负担的行为和过程，而最终承担税款的人被称为负税人。也就是说，税负转嫁意味着税负的实际承担者不是直接缴纳税款的人，而是背后隐藏者或潜在的替代者。

简单理解，税负转嫁中，税款的直接纳税人通过转嫁税负给他人，自己不承担纳税义务，而仅仅充当税务机关与实际纳税人之间的中间桥梁。由于税负转嫁没有损害国家利益，也不违法，所以该纳税筹划法受到很多纳税人的青睐。

税负转嫁筹划法中，又分为顺转技术和逆转技术。

（1）顺转技术

顺转技术指纳税人将其负担的税款，通过提高商品或服务价格的方式，转移给购买者或最终消费者承担。这是最典型、最具普遍意义的税负转嫁形式。

比如，在生产环节课征的税收，生产企业就可以通过提高产品的出厂价格，来把税负转嫁给购买方，通常为批发商；批发商再以类似的方式提高商品的价格，将税负转嫁给零售商；以此类推，零售商将税负转嫁给最终消费者。

由此可见顺转技术下的纳税筹划，会使得某产品在市场中流转时价格不断升高，因此比较适用于市场紧俏的产品、生产要素，或者是知名品牌商品。

顺转技术主要从销售价格出发，如果与转让定价策略和集团经济结合考虑，还会发挥更大的纳税筹划效果。但是因为顺转技术会不断升高价格，而价格高时难免会影响销量，所以这种筹划技术很难将企业所有税负进行转嫁。实践证明，难以查定税源的商品，即征税时无法确定其最终负担者的税种比较适合采用顺转技术。

比如对香烟计缴消费税，由于香烟的消费者是香烟消费税的实际承担者，但因为预先并不能确定每包香烟的消费者，所以只能以香烟为标准，以其制造者或贩卖者为纳税人，再由制造者和贩卖者将税负转嫁给消费者承担。

（2）逆转技术

逆转技术是指纳税人通过降低生产要素的购进价格、压低工资或者其他转嫁方式，将其负担的税收转移给提供生产要素的企业。

比如，一个批发商纳税后，因为商品价格下降，已经缴纳的税款难以在商品价格上转移给零售商，所以批发商就会要求生产厂家退货，或者要求生产厂家承担全部或部分已缴纳的税款，此时就会发生税负逆转。

由此可见，逆转技术通常适用于生产要素或商品积压时的买方市场。因为此时生产要素或商品积压，出售方需要尽快出售商品，此时接受低价卖出的可能性较高。

税负转嫁筹划法的选择运用，需要考虑到流转过程中商品、生产要素以及服务的供求关系，这样才能找准税负转嫁的方向。

1.3.4 会计核算中的筹划法

会计核算中的纳税筹划思路主要从收入确认和费用列支入手。

（1）收入确认的纳税筹划

企业销货方式的不同，或者结算方式的不同，都会使收入确认的时间不同，这样就会存在时间上的纳税筹划可能。根据我国税法以及相关会计准则的规定，不同销售方式的收入确认时间如下：

◆ 直接收款销售货物。

以收到货款或取得收款凭证，并将提货单交给购货方的当天为收入确认时间。

◆ 采用托收承付或委托收款方式销售货物。

以发出货物并办理好托收手续的当天为收入确认时间。

◆ 采用赊销和分期收款销售货物。

以合同约定的收款日期为收入确认时间；没有书面合同或者合同没有约定收款日期的，货物发出当天为收入确认时间。

◆ 订货销售和分期预收方式销售货物。

以交付货物时间为收入确认时间。

通过销售或结算方式的选择，可以控制收入确认时间，以此来达到纳税筹划的目的。比如，合理安排收入的归属期间，从而获得延期纳税的税收收益。

（2）费用列支的纳税筹划

费用是决定企业最终获取利润多少的一个重要因素，因此可以决定企业最终缴纳企业所得税的多少。所以，出于纳税筹划的目的，企业可以在税法允许的范围内，尽可能地列支当期费用，充分预计可能发生的损失，从而减少应纳税所得额，相应地就可以减少税费，或者合法递延纳税。常见的做法有如下三种：

- ◆ 充分列支税法允许列支的费用，如按规定提足固定资产折旧、职工福利费、工会经费和教育经费等

- ◆ 充分预计可能发生的费用和损失，如对一些可以合理预计的费用，采用预提的方式提前计入费用

- ◆ 尽可能地缩短成本费用的摊销期，这样可以使近期的成本费用升高，从而减少应纳税所得额，最终减轻税负

注意，这些做法都必须合法、合理，否则容易被税务机关认定为偷税、漏税、逃税，从而遭受经济处罚，甚至需要承担刑事责任。

1.3.5　临界点纳税筹划法

纳税中的临界点主要是税法中规定的一定比例或者数额，比如销售额或应纳税所得额超过这一比例或数额时，就需要依法纳税，或者按更高的税率纳税。通常来说，超过临界点后，纳税人的税负会大幅度增加；反之，纳税人通过临界点的纳税筹划，就可以降低税负或者享受税收优惠。

实务中，有很多税种都有纳税临界点，有些以特定的优惠政策体现，有些是以基本的税收规定体现。

比如，国家税务总局发布的《关于小规模纳税人免征增值税征管问题的公告》（2021 年第 5 号）规定：小规模纳税人发生增值税应税销售行为，合计月销售额未超过 15 万元（以一个季度为一个纳税期的，季度销售额未超过 45 万元，下同）的，免征增值税；合计月销售额超过 15 万元，但扣除本期发生的销售不动产的销售额后未超过 15 万元的，其销售货物、劳务、服务、无形资产取得的销售额免征增值税。

上述规定中的月销售额 15 万元就是临界点，未超过临界点的免征增值税，超过临界点的要按规定计缴增值税。

又如，《中华人民共和国个人所得税法》规定，居民个人的综合所得，以每一纳税年度的收入额减除费用 6 万元以及专项扣除、专项附加扣除和依法确定的其他扣除后的余额，为应纳税所得额。非居民个人的工资、薪

金所得，以每月收入额减除费用 5 000 元后的余额为应纳税所得额。

上述规定中的每一纳税年度的收入额减除费用 6 万元和每月收入额减除费用 5 000 元都是个人所得税的临界点，即居民个人年综合所得未超过 6 万元的，不需要缴纳个人所得税，或者非居民个人月收入不超过 5 000 元的，也不需要缴纳个人所得税。而一旦居民个人年综合所得超过 6 万元，或者非居民个人月收入超过 5 000 元，就需要按照税法或税收政策的规定缴纳个人所得税。

从这里可以看出，企业在进行纳税筹划的过程中，大多数时候会涉及税额的核算，通过核算才能比较分析哪种筹划方法更能帮助企业减轻税负。因此，本书接下来将先介绍各种税的财税核算处理，然后具体介绍各种税的纳税筹划方法。

第②章

增值税和消费税的财税核算

增值税是我国最主要的税种之一，其覆盖面广，税务复杂，是国家财政收入的重要来源之一；而消费税也是一个重要税种，税率一般偏高，且针对的是一些特殊的消费品。因此，要做好纳税筹划，必然需要掌握这两种税的财税核算处理，这样才能通过"算"税，来比较分析采用怎样的纳税筹划方法。

2.1 采购货物与接受劳务涉及的税务处理

生产性企业在采购物资用于生产产品时，或者商品流通企业在采购商品用于销售时，采购环节都会涉及增值税进项税额的核算。虽然这部分税额大多数都直接由销售方填列在销售发票上，但作为采购方也需要了解税额是如何得来的。

2.1.1 采购一般货物时要核算增值税进项税额

企业在采购一般货物时，不会涉及消费税的核算，此时需要了解的是增值税进项税额的由来。增值税进项税额通常记录在销售发票中，它是指纳税人购进货物、加工修理修配劳务、服务、无形资产或不动产时，支付或者负担的增值税税额。用计算公式表示为：

进项税额=外购原料、燃料、动力的价款×适用税率

增值税的常见税率有 13%、9%、6% 和 0，而小规模纳税人适用的是增值税征收率，常见的为 3%。由于增值税进项税额是企业已经支付了的钱，因此在编制会计分录时将其记在"应交税费——应交增值税（进项税额）"科目的借方。下面通过实例来学习。

| 范例解析 | 公司向供应商采购原材料核算进项税额

某公司为增值税一般纳税人，2021年12月向某供应商采购一批原材料，收到供应商开具的增值税专用发票，以银行存款支付。已知发票上记录的原材料价款为3.24万元（不含税），注明的税率为13%，发票上记录的税额为多少呢？

进项税额=32 400.00×13%=4 212.00（元）

支出的钱=32 400.00+4 212.00=36 612.00（元）

借：原材料——××   32 400.00

应交税费——应交增值税（进项税额）   4 212.00

贷：银行存款   36 612.00

因此，该供应商开具的增值税专用发票上记录的税额就是进项税额，为 4 212.00 元。因为公司收到的是增值税专用发票，所以这里的 4 212.00 元增值税进项税额可以在核算当月应缴纳的增值税时，从增值税销项税额中抵扣。关于销项税额，会在本章 2.3.1 节内容中作详细介绍。

如果公司收到的是增值税普通发票，则税额 4 212.00 元不能抵扣销项税额，且在采购时要将这部分税额计入原材料成本中，会计分录如下：

借：原材料——×× 　　　　　　　　　　　36 612.00

　贷：银行存款 　　　　　　　　　　　　　36 612.00

如果公司收到的是小规模纳税人开具的增值税专用发票，则发票上注明的就是征收率 3%，则增值税进项税额为 972.00 元（32 400.00×3%）。

借：原材料 ——×× 　　　　　　　　　　32 400.00

　应交税费——应交增值税（进项税额） 　972.00

　贷：银行存款 　　　　　　　　　　　　　33 372.00

如果公司收到的是小规模纳税人开具的增值税普通发票，则对应的税额也需要计入原材料成本中，会计分录如下：

借：原材料——×× 　　　　　　　　　　　33 372.00

　贷：银行存款 　　　　　　　　　　　　　33 372.00

如果企业采购的是应税消费品，则不需要做消费税的财税核算工作，但要明白，所支付的价款中是包括了由销售方代收代缴的消费税款的。这部分税款不会像增值税一样在发票中注明，因为消费税是价内税。

2.1.2　采购货物运输费的增值税处理

企业在采购货物环节，由企业自身承担的运输费及对应的增值税，需要分情况处理。

（1）运输费另行开具增值税发票

如果运输费由提供运输服务的公司单独开具增值税发票，则需要按照运输服务适用的税率，即9%，核算增值税。如果开具的是增值税专用发票，则作为增值税进项税额，可以抵扣当期的增值税销项税额。同时，运输费作为采购货物的价外费用，计入采购成本中。

| 范例解析 | **运输费收到单独的增值税专用发票**

某公司2021年12月向供应商采购一批原材料，收到供应商开具的增值税专用发票，注明不含税价款1.80万元，税率13%。另外收到供应商递交的运输费发票，也是增值税专用发票，注明不含税运费0.05万元，税率9%。没有发生保险费和装卸费等其他费用，款项尚未支付，相关增值税的处理如下：

货物对应的增值税进项税额=18 000.00×13%=2 340.00（元）

运输费对应的增值税进项税额=500.00×9%=45.00（元）

该批货物的采购成本=18 000.00+500.00=18 500.00（元）

借：原材料——××   18 500.00

    应交税费——应交增值税（进项税额）   2 385.00

      贷：应付账款   20 885.00

由于该案例中的公司尚未支付货款，因此贷方科目为"应付账款"，而不是"银行存款"。

如果运输费开具的发票是普通发票，则对应的税额一并确定为采购货物的成本，即：

该批货物的采购成本 =18 000.00+500.00+45.00=18 545.00（元）

此时，会计分录也会发生相应的变化，如下所示：

借：原材料——××   18 545.00

    应交税费——应交增值税（进项税额）   2 340.00

      贷：应付账款   20 885.00

当然，如果连货物也是开具的普通发票，则该公司在采购这批原材料时，不需要单独核算增值税，全部价款、运输费和税费等都确认为采购成本。

另外，购入固定资产时，还会涉及契税的缴纳，这里暂不作介绍，在本书第 4 章的相关内容中会详细说明。

（2）运输费在销货发票上注明

如果运输费与销售货物记在同一张发票上，且分别注明则按照发票上注明的信息核算增值税。如果发票上注明运输费，税率为 9%，则财税核算处理与运输费另行开具增值税发票相同。如果运输费没有在销货发票上单独注明，则所有价款按照货物适用的税率 13% 计缴增值税。

| 范例解析 |　运输费没有在销货发票上注明的处理方法

某公司 2021 年 12 月向供应商采购一批原材料，收到供应商开具的增值税专用发票，注明不含税价款 1.85 万元，税率 13%，其中有 0.05 万元的运输费，但没有单独注明。没有发生保险费和装卸费等其他费用，款项尚未支付，相关增值税的处理如下：

发票上记载的增值税进项税额 = 18 500.00 × 13% = 2 405.00（元）

借：原材料——×× 18 500.00

　　应交税费——应交增值税（进项税额） 2 405.00

　　　贷：应付账款 20 905.00

由此可见，此时公司需要核算的增值税进项税额为 2 405.00 元。

如果供应商开具的是增值税普通发票，且未单独注明运输费。此时会计分录编制如下：

借：原材料——×× 20 905.00

　　贷：应付账款 20 905.00

2.1.3　购建固定资产也会涉及税费核算

企业经营过程中，如果购建固定资产，也会涉及增值税的处理。此时要分购入与自建两种情况处理。

（1）购入固定资产

企业因生产经营需要，直接购入厂房、生产设备等固定资产时，会涉及增值税的核算处理。此时依然需要看收到的是增值税专用发票还是普通发票，收到专用发票就核算增值税进项税额，用于抵扣当期销项税额；收到普通发票就将对应的增值税额计入固定资产的入账价值中，不另外核算增值税。

企业销售固定资产时，资产类别的不同，其适用的增值税税率也不同。如果销售的是生产设备等有形动产，则适用税率为13%，财税核算处理与采购一般货物的相同；如果销售的是厂房、办公楼等不动产，则适用税率为9%。因此，企业购入这些固定资产时，收到的发票上就会因为资产类别的不同而注明不同的税率。下面以购入厂房为例介绍其增值税的处理。

| 范例解析 | 公司购入厂房涉及的增值税处理

某新设立公司在2021年11月，购入一幢厂房，收到销售方开具的增值税专用发票，注明不含税价款811.20万元，税率为9%。当月以银行存款支付了60%的款项，暂不考虑契税问题，相关财税处理如下：

增值税进项税额=8 112 000.00×9%=730 080.00（元）

当月支付款项=8 112 000.00×60%=4 867 200.00（元）

尚未支付的货款=8 112 000.00×40%=3 244 800.00（元）

借：固定资产——厂房　　　　　　　　　8 112 000.00

　　应交税费——应交增值税（进项税额）　730 080.00

　　贷：银行存款　　　　　　　　　　　　4 867 200.00

　　　　应付账款　　　　　　　　　　　　3 974 880.00

实务中，能够销售不动产的企业，通常不是小规模纳税人，即使是小规模纳税人，购买方也会让销售方开具增值税专用发票，因为这样增值税进项税额才能抵扣。但如果确实收到的是增值税普通发票，则会计分录的编制如下。

借：固定资产——厂房　　　　　　　　　8 842 080.00

　　贷：银行存款　　　　　　　　　　　4 867 200.00

　　　　应付账款　　　　　　　　　　　3 974 880.00

（2）自建固定资产

当企业自建固定资产时，需要核算增值税的环节主要是采购工程物资的时候。下面通过一个案例来了解这种情形下该如何算税。

| 范例解析 |　公司自建厂房涉及的增值税处理

某新设立公司打算自行建造一幢厂房，于是一次性采购了建造厂房需要的工程物资，总价款314.84万元，收到各销售商开具的增值税专用发票，税率均为13%。款项以银行存款支付，而另外发生了112.80万元工资。相关财税处理如下。

①由于这里工程物资用来建造厂房，因此刚采购入库时，需要通过"工程物资"科目进行核算，不能直接计入"固定资产"科目。

增值税进项税额=3 148 400.00×13%=409 292.00（元）

借：工程物资　　　　　　　　　　　　　3 148 400.00

　　应交税费——应交增值税（进项税额）　409 292.00

　　贷：银行存款　　　　　　　　　　　3 557 692.00

②在领用工程物资开始建造厂房时，就要将工程物资转入在建工程，这里假设一次性投入。同时发生的人工成本也要计入在建工程，相关会计分录如下：

借：在建工程——厂房　　　　　　　　　3 148 400.00

　　贷：工程物资　　　　　　　　　　　3 148 400.00

借：在建工程——厂房　　　　　　　　　1 128 000.00

　　贷：应付职工薪酬　　　　　　　　　1 128 000.00

注意，实际工作中，可以将这两个会计分录合并编制，即：

借：在建工程——厂房　　　　　　　　　4 276 400.00

  贷：工程物资   3 148 400.00

     应付职工薪酬   1 128 000.00

  ③当该厂房建造完工达到预定可使用状态时，需要将在建工程转入固定资产，确认固定资产的入账价值。

  借：固定资产——厂房   4 276 400.00

    贷：在建工程——厂房   4 276 400.00

  从上述案例的财税处理可以看出，企业自行建造固定资产的，只会在采购工程物资的环节涉及增值税的核算处理。如果在购买工程物资的过程中，收到了一些增值税普通发票，则按规定，这部分增值税不能作为进项税额抵扣当期的销项税额，所以需要将这部分税额计入工程物资的采购成本中，最终确认为固定资产入账价值的一部分。

2.2 销售货物与提供劳务涉及的财税核算

  企业在销售货物或者提供劳务环节，也会涉及增值税的缴纳，此时的增值税税额被称为销项税额。该部分税额需要按照销售额和适用税率计算，并向购买方收取。

  不同的销售情形，销项税额的处理很可能不同，从价计征和从量计征的计算公式也会不同。

2.2.1 销售一般货物要核算增值税销项税额

  企业销售一般货物，在销售环节只涉及增值税，不涉及消费税，最终的销售收入需要在减去相应的成本费用后计缴企业所得税。企业所得税的财税核算将在本书第3章具体介绍，这里暂不涉及。

  销售一般货物核算增值税销项税额时，要根据销售额是否含税，选用不同的计算公式，具体如下：

$$当期销项税额=当期销售额（不含税）×适用税率$$

$$当期销项税额=当期含税销售额÷（1+适用税率）×适用税率$$

而关于税率，要看企业的纳税人身份。如果企业为增值税一般纳税人，则适用税率根据经营业务的不同，包括 13%、9%、6% 和 0，在开具增值税发票时，要根据实际情况在发票上注明相应的税率；如果是增值税小规模纳税人，则适用征收率 3%，同样也要在开具发票时注明。

下面通过一个实例介绍销售一般货物的增值税销项税额的处理。

| 范例解析 |　公司销售产品核算销项税额

某公司为增值税一般纳税人，2021年12月16日对外销售一批产成品，不含税销售额20.50万元，向购买方开具了增值税专用发票，注明价款和税率13%，当天未收到货款。已知该批产品的成本共计15.80万元，不考虑运输费、保险费等其他价外费用，财会人员需要做如下财税处理：

①确认销售收入和增值税销项税额。

增值税销项税额=205 000.00×13%=26 650.00（元）

借：应收账款　　　　　　　　　　　　　　231 650.00
　　贷：主营业务收入　　　　　　　　　　　205 000.00
　　　　应交税费——应交增值税（销项税额）　26 650.00

②结转该批产品的成本。

借：主营业务成本　　　　　　　　　　　　158 000.00
　　贷：库存商品　　　　　　　　　　　　　158 000.00

在该案例中，由于企业当天没有收到出售商品的货款，因此第一个会计分录的借方应使用"应收账款"科目；如果当天收到了货款，按照实际收到的货款，借记"银行存款"科目；如果当天只支付了部分货款，则借方会同时涉及"应收账款"和"银行存款"两个科目。

在做账时，"主营业务收入"科目与"主营业务成本"科目几乎是成对出现的，换句话说，销售货物确认收入，同样也要结转成本。

如果该公司为小规模纳税人，对外开具的是增值税普通发票，发票上注明征收率3%，不含税销售额同样为20.50万元，则此时的财税核算做如下处理：

增值税应交税额=205 000.00×3%=6 150.00（元）

借：应收账款　　　　　　　　　　　　　211 150.00

　　贷：主营业务收入　　　　　　　　　205 000.00

　　　　应交税费——应交增值税（销项税额）　6 150.00

如果由销售方企业自身承担运输费，则需要根据运输公司开具的发票，确认销售费用和相应的增值税销项税额。比如，上述案例中的公司承担了400.00元的运输费，收到了运输公司开具的增值税专用发票，注明税率9%。则企业需要根据该发票进行如下财税处理：

增值税销项税额=400.00×9%=36.00（元）

借：销售费用　　　　　　　　　　　　　400.00

　　应交税费——应交增值税（销项税额）　36.00

　　贷：银行存款　　　　　　　　　　　436.00

如果企业收到的是运输公司开具的增值税普通发票，则运输费连同税额一起，计入销售费用。

借：销售费用　　　　　　　　　　　　　436.00

　　贷：银行存款　　　　　　　　　　　436.00

2.2.2　销售应税消费品要核算消费税

企业销售应税消费品时，是否需要核算消费税，要分情况处理。本节介绍最常见的销售自产应税消费品的消费税核算处理。

如果企业销售的是自产的应税消费品，在销售环节就需要核算应缴纳的消费税。实际上，核算的消费税是企业生产环节需要缴纳的。由于消费税的税率存在比例税率和定额税率两种，因此在核算时需要用到不同的计算公式。

（1）从价计征采用比例税率

实行从价定率计征消费税的，计算公式如下：

$$消费税应纳税额 = 销售额（不含税）× 比例税率$$

$$消费税应纳税额 = 含税销售额 ÷ （1+增值税税率）× 比例税率$$

注意，上述计算公式中的"比例税率"指的是消费税适用的比例税率，不是增值税的税率。在复合计征方式下的消费税应纳税额计算公式中的"比例税率"，也是消费税适用的比例税率。

| 范例解析 | 销售自产化妆品从价计征消费税

某高档化妆品公司为增值税一般纳税人，2021年12月17日向客户销售了一批化妆品，开具增值税专用发票，注明不含税价款14.56万元，增值税税率13%，消费税税率15%，当天已由银行收讫。已知该批化妆品的成本共6.24万元，相关财税处理如下：

①确认销售收入和增值税销项税额。

增值税销项税额=145 600.00×13%=18 928.00（元）

借：银行存款　　　　　　　　　　　　　164 528.00

　　贷：主营业务收入　　　　　　　　　　　145 600.00

　　　　应交税费——应交增值税（销项税额）　18 928.00

②结转该批化妆品的成本。

借：主营业务成本　　　　　　　　　　　　62 400.00

　　贷：库存商品　　　　　　　　　　　　　62 400.00

③确认并核算应缴纳的消费税。

应交消费税=145 600.00×15%=21 840.00（元）

借：税金及附加　　　　　　　　　　　　　21 840.00

　　贷：应交税费——应交消费税　　　　　　21 840.00

从该案例可以知道，高档化妆品适用的是比例税率，以不含增值税的销售额为计税依据，按照纳税比例缴税。企业应缴纳的消费税，需要计入"税金及附加"科目进行核算，最终影响企业当期的利润。

如果14.56万元是含税销售额，此时售出的化妆品要先核算不含税销售额，再进行相应的财税核算。

①确认销售收入和增值税销项税额。

销售收入=145 600.00÷（1+13%）=128 849.56（元）

增值税销项税额=128 849.56×13%=16 750.44（元）

借：银行存款   145 600.00

    贷：主营业务收入   128 849.56

        应交税费——应交增值税（销项税额）   16 750.44

②结转化妆品的成本。

借：主营业务成本   62 400.00

    贷：库存商品   62 400.00

③确认并核算应缴纳的消费税。

应交消费税=128 849.56×15%=19 327.43（元）

借：税金及附加   19 327.43

    贷：应交税费——应交消费税   19 327.43

（2）从量计征采用定额税率

实行从量定额计征消费税的，计算公式如下：

$$消费税应纳税额=销售数量×定额税率$$

| 范例解析 | **销售自产黄酒从量计征消费税**

某酒厂销售公司2021年12月销售一批黄酒，不含增值税价款共8.00万元，开具的增值税专用发票注明税率为13%。已知黄酒适用的消费税税率为 240.00 元/吨，共 2 吨，以银行存款收讫。该批黄酒的成本共 3.80 万元，那么，这一销售业务需要进行怎样的财税处理呢？

①确认销售收入和增值税销项税额。

增值税销项税额=80 000.00×13%=10 400.00（元）

借：银行存款　　　　　　　　　　　　　90 400.00

　　贷：主营业务收入　　　　　　　　　　　　80 000.00

　　　　应交税费——应交增值税（销项税额）　10 400.00

②结转黄酒的成本。

借：主营业务成本　　　　　　　　　　　38 000.00

　　贷：库存商品　　　　　　　　　　　　　　38 000.00

③确认并核算应缴纳的消费税。

应交消费税=2×240.00=480.00（元）

借：税金及附加　　　　　　　　　　　　480.00

　　贷：应交税费——应交消费税　　　　　　　480.00

从该案例可以知道，黄酒适用的是定额税率，即每吨缴纳多少消费税。

如果 8.00 万元是含税销售额，此时售出的黄酒只有 1.77 吨，则财税处理明显就不同了。

①确认销售收入和增值税销项税额。

销售收入=80 000.00÷（1+13%）=70 796.46（元）

增值税销项税额=70 796.46×13%=9 203.54（元）

借：银行存款　　　　　　　　　　　　　80 000.00

　　贷：主营业务收入　　　　　　　　　　　　70 796.46

　　　　应交税费——应交增值税（销项税额）　9 203.54

②结转黄酒的成本。

借：主营业务成本　　　　　　　　　　　38 000.00

      贷：库存商品   38 000.00

③确认并核算应缴纳的消费税。

应交消费税=1.77×240.00=424.80（元）

借：税金及附加   424.80

      贷：应交税费——应交消费税   424.80

（3）复合计征采用两种税率

实行从价定率和从量定额复合方法计征消费税的，计算公式如下：

消费税应纳税额=销售额（不含税）×比例税率+销售数量×定额税率

消费税应纳税额=含税销售额÷（1+增值税税率）×比例税率+销售数量×定额税率

| 范例解析 | 销售自产白酒复合计征消费税

某酒厂为增值税一般纳税人，2021年12月售出白酒2吨，不含增值税售价2.75万元/吨。已知该批白酒的成本为4.00万元，开具的增值税专用发票注明税率13%。另外，消费税比例税率20%，定额税率0.50元/500克。款项已由银行收讫，相关财税处理如下：

①确认销售收入和增值税销项税额。

销售收入=2.75×2=5.50（万元）

增值税销项税额=55 000.00×13%=7 150.00（元）

借：银行存款   62 150.00

      贷：主营业务收入   55 000.00

         应交税费——应交增值税（销项税额）   7 150.00

②结转白酒的成本。

借：主营业务成本   40 000.00

      贷：库存商品   40 000.00

③确认并核算应缴纳的消费税。

应交消费税=55 000.00×20%+2×1 000÷0.5×0.50=13 000.00（元）

借：税金及附加　　　　　　　　　　　　　13 000.00

　　贷：应交税费——应交消费税　　　　　　　13 000.00

从该案例可以知道，白酒实行从价计征和从量计征的复合计征方式缴纳消费税。

如果 2.75 万元 / 吨是含税销售额，此时依然需要先核算不含税销售额，然后才能进行后续的财税核算工作。

①确认销售收入和增值税销项税额。

销售收入=27 500.00×2÷（1+13%）=48 672.57（元）

增值税销项税额=48 672.57×13%=6 327.43（元）

借：银行存款　　　　　　　　　　　　　　55 000.00

　　贷：主营业务收入　　　　　　　　　　　　48 672.57

　　　　应交税费——应交增值税（销项税额）　6 327.43

②结转白酒的成本。

借：主营业务成本　　　　　　　　　　　　40 000.00

　　贷：库存商品　　　　　　　　　　　　　　40 000.00

③确认并核算应缴纳的消费税。

应交消费税=48 672.57×20%+2×1 000÷0.5×0.50=11 734.51（元）

借：税金及附加　　　　　　　　　　　　　11 734.51

　　贷：应交税费——应交消费税　　　　　　　11 734.51

2.2.3　自产自用应税消费品的财税处理

企业自产自用应税消费品，视同销售货物，但是否需要缴纳消费税，要视情况而定。如果自产自用应税消费品，是用于连续生产应税消费品的，则不需要缴纳消费税，也就不需要做消费税的财税处理；如果是用于其他方面，都要在移送使用时，按照纳税人生产的同类消费品的销售价格计算纳税，没有同类消费品销售价格的，按组成计税价格计算纳税。

有同类消费品销售价格做参考的，财税核算与处理参照 2.2.2 节的内容；没有同类消费品销售价格做参考的，要分以下情况选用不同的计算公式核算应缴纳的消费税税额。

（1）从价计征

实行从价定率办法计征消费税的，计算公式如下：

$$组成计税价格=（成本+利润）÷（1-比例税率）$$

$$消费税应纳税额=组成计税价格×比例税率$$

这里的"利润"是指由国家税务总局确定的全国平均成本利润率计算得来的；"比例税率"是消费税适用的比例税率。

| 范例解析 | 自产木地板用于建造员工宿舍核算消费税

某木地板厂为增值税一般纳税人，2021年11月底将生产的一批木地板用于建造员工宿舍。已知该类木地板没有同类商品市场销售价格，其生产成本为1.80万元，成本利润率为5%，木地板消费税税率为5%，计算该批实木地板应缴纳消费税税额。

①确认组成计税价格和消费税应纳税额。

组成计税价格=18 000.00×（1+5%）÷（1-5%）=19 894.74（元）

消费税应纳税额=19 894.74×30%=5 968.42（元）

借：税金及附加   5 968.42

    贷：应交税费——应交消费税   5 968.42

②确认视同销售的收入和增值税销项税额。

销售收入=19 894.74（元）

增值税销项税额=19 894.74×13%=2 586.32（元）

借：应付职工薪酬——职工福利费　　　　　22 481.06

　　贷：主营业务收入　　　　　　　　　　　　19 894.74

　　　　应交税费——应交增值税（销项税额）　　2 586.32

③结转该批木地板的成本。

借：主营业务成本　　　　　　　　　　　　18 000.00

　　贷：库存商品　　　　　　　　　　　　　　18 000.00

在本案例中，公司用自产的木地板建造员工宿舍用于职工福利，属于自产应税消费品，因此视同销售行为，需要确认收入并核算增值税销项税额，同时也要结转木地板的成本。但是，因为视同销售没有收到实际的货款，因此需要通过"应付职工薪酬"科目进行核算，如第二个会计分录所示。并且，在确认收入时，以成本加利润和消费税税额确定不含税销售额，本例中运用成本 18 000.00 元乘以"1+ 成本利润率"再除以"1− 消费税税率"来表达"成本 + 利润 + 消费税税额"。

（2）从量计征

实行从量计征办法计征消费税的，其计算公式与正常销售自产应税消费品的情况一样。

$$消费税应纳税额 = 销售数量 × 定额税率$$

因为自产自用应税消费品从量计征时，不涉及价格的确定，因此不需要计算组成计税价格。

| 范例解析 |　　自产啤酒用于发放职工福利核算消费税

某酒厂为增值税一般纳税人，在2022年春节前，将新研制的甲类啤酒 1吨作为过节福利发放给员工饮用，该类啤酒没有同类产品市场销售价格。已知这批啤酒的成本为1.60万元，成本利润率为5%，甲类啤酒的消费税定额税率为250.00元/吨。计算这批啤酒应缴纳的消费税税额。

①消费税应纳税额。

消费税应纳税额 = 1 × 250.00 = 250.00（元）

借：税金及附加　　　　　　　　　　　　　250.00

　　贷：应交税费——应交消费税　　　　　　　250.00

②确认视同销售的收入和增值税销项税额。

销售收入=16 000.00×（1+5%）+250.00=17 050.00（元）

增值税销项税额=17 050.00×13%=2 216.50（元）

借：应付职工薪酬——职工福利费　　　　　19 266.50

　　贷：主营业务收入　　　　　　　　　　　17 050.00

　　　　应交税费——应交增值税（销项税额）　2 216.50

③结转该批甲类啤酒的成本。

借：主营业务成本　　　　　　　　　　　　16 000.00

　　贷：库存商品　　　　　　　　　　　　　16 000.00

在该案例中，由于甲类啤酒实行从量计征办法计征消费税，因此直接用吨数乘以定额税率就可算出应缴纳的消费税250.00元，不需要计算组成计税价格。但是，在核算增值税销项税额时，由于没有同类产品市场销售价格，所以还是需要用"成本＋利润＋消费税税额"的方法确定不含税销售额17 050.00元，进而确定销项税额2 216.50元。如果该案例中涉及的啤酒有同类产品市场销售价格，则以市场销售价格作为不含税销售额，确认视同销售收入和增值税销项税额。

（3）复合计征

实行复合计征方式计征消费税的，自产自用应税消费品时没有同类产品市场销售价格时，要借助以下计算公式核算消费税应纳税额。

组成计税价格=（成本+利润+自产自用数量×定额税率）÷（1-比例税率）

消费税应纳税额=组成计税价格×比例税率+自产自用数量×定额税率

| 范例解析 |　自产白酒用于发放职工福利核算消费税

某白酒厂为增值税一般纳税人，2022年春节前，将新开发的白酒一批作为过节福利发放给员工使用，该类白酒没有同类产品市场销售价格。已知该批白酒的成本为1.20万元，成本利润率为10%，向员工发放的白酒共125 000毫升，白酒的消费税比例税率为20%，定额税率为0.5元/500克（或500毫升）。计算这批白酒需要缴纳的消费税税额。

①消费税应纳税额。

组成计税价格=[12 000.00×（1+10%）+125 000÷500×0.5]÷（1-20%）=13 325.00÷80%=16 656.25（元）

消费税应纳税额=16 656.25×20%+125 000÷500×0.5=3 456.25（元）

借：税金及附加　　　　　　　　　　　　3 456.25
　　贷：应交税费——应交消费税　　　　　　　3 456.25

②确认视同销售的收入和增值税销项税额。

销售收入=16 656.25（元）

增值税销项税额=16 656.25×13%=2 165.31（元）

借：应付职工薪酬——职工福利费　　　　18 821.56
　　贷：主营业务收入　　　　　　　　　　　16 656.25
　　　　应交税费——应交增值税（销项税额）　2 165.31

③结转该批白酒的成本。

借：主营业务成本　　　　　　　　　　　12 000.00
　　贷：库存商品　　　　　　　　　　　　　12 000.00

在该案例中，由于白酒实行复合计征方式计征消费税，且没有同类产品市场销售价格做参考，因此涉及组成计税价格的核算。并且，由于白酒的定额税率为 0.5 元 /500 毫升，所以在计算组成计税价格时，就有自产自用数量 =125 000÷500 这一核算内容。

此案例中，由于白酒也没有同类产品市场销售价格，所以直接用"成本 +利润"来得到不含税销售额，从而确定视同销售行为的收入 16 656.25 元以及增值税销项税额 2 165.31 元。

如果该案例中涉及的白酒有同类产品市场销售价格，则以市场销售价格作为不含税销售额，确认视同销售收入和增值税销项税额，同时直接用下列计算公式核算应缴纳的消费税。

消费税应纳税额=市场售价×比例税率+自产自用数量×定额税率

除此以外，还有一些视同销售行为，具体如下：

◆ 将货物交付其他单位或个人代销。

◆ 销售代销货物。

◆ 设有两个以上机构并实行统一核算的纳税人，将货物从一个机构移送至其他机构用于销售，但相关机构设在同一县（市）的除外。

◆ 将自产或委托加工的货物用于非增值税应税项目。

◆ 将自产或委托加工的货物用于个人消费。

◆ 将自产、委托加工或购进的货物作为投资，提供给其他单位或者个体工商户。

◆ 将自产、委托加工或购进货物分配给股东或投资者。

◆ 将自产、委托加工或购进的货物无偿赠送其他单位或个人。

对于企业来说，只要是视同销售货物的行为，都需要核算增值税销项税额，但并不是所有的行为都要确认收入，比如自产、委托加工或购进的货物无偿赠送其他单位或个人的情况，只核算增值税销项税额，不确认收入，捐赠部分的货物价值确认为营业外支出。

如果视同销售的货物属于应税消费品，且不是委托加工应税消费品后继续用于生产应税消费品的，几乎都需要缴纳消费税。

2.2.4 委托加工应税消费品的财税核算

企业发生委托加工应税消费品的业务时，如何缴纳消费税，也要视情况而定。

（1）委托加工应税消费品收回后继续生产应税消费品

如果委托加工应税消费品收回后继续用于生产应税消费品，则按规定准予抵扣的，应按已经由受托方代收代缴的消费税，借记"应交税费——应交消费税"科目，等到用委托加工的应税消费品生产出应纳消费税的产品销售时，再缴纳消费税。

委托加工的应税消费品，按照受托方的同类消费品的销售价格计算纳税，属于从价计征的，直接用总销售价格乘以比例税率计算消费税应纳税额；属于从量计征的，直接用总销售数量乘以定额税率计算；属于复合计征的，用市场售价乘以比例税率，再加上委托加工数量乘以定额税率进行计算，具体可以参考 2.2.2 节的内容。

如果委托加工的应税消费品没有同类消费品市场销售价格，则需要按组成计税价格计算纳税。

实行从价计征的计算公式如下。

$$组成计税价格=（材料成本+加工费）÷（1-比例税率）$$

$$消费税应纳税额=组成计税价格×比例税率$$

上述计算公式中的"比例税率"同样也是消费税适用的比例税率。

| 范例解析 |　委托加工烟丝收回后继续生产卷烟

某公司委托外单位代加工一批应缴纳消费税的烟丝，市场上没有同类产品销售价格。已知该公司发出材料成本为1.30万元，加工费0.50万元，增值税税率13%，由外单位代收代缴消费税，烟丝消费税比例税率为30%。烟丝已经加工完成，并由该公司收回验收入库，加工费尚未支付。公司采用实际成本法进行核算，相关财税处理如下：

①核算发出的材料。

借：委托加工物资　　　　　　　　　　　　13 000.00

　　贷：原材料　　　　　　　　　　　　　　　13 000.00

②确认并核算烟丝的组成计税价格以及外单位代收代缴的消费税，同

时核算接受委托加工服务需要缴纳的增值税进项税额。

组成计税价格=（13 000.00+5 000.00）÷（1−30%）=25 714.29（元）

代收代缴的消费税=25 714.29×30%=7 714.29（元）

增值税进项税额=5 000.00×13%=650.00（元）

借：委托加工物资　　　　　　　　　　　　　　5 000.00

　　应交税费——应交增值税（进项税额）　　　650.00

　　　　　　　——应交消费税　　　　　　　　7 714.29

　　贷：应付账款　　　　　　　　　　　　　　13 364.29

③收回加工完成的烟丝待加工卷烟。

收回的烟丝入账价值=13 000.00+5 000.00=18 000.00（元）

借：原材料——烟丝　　　　　　　　　　　　　18 000.00

　　贷：委托加工物资　　　　　　　　　　　　18 000.00

④后续生产卷烟进行销售时，需要缴纳消费税，相关财税处理可参考2.2.2节的内容执行，这里不再详述。

在该案例中，由于委托加工的烟丝没有同类产品市场销售价格，因此需要根据委托加工费和发出材料成本确认组成计税价格，进而核算受托方代收代缴的消费税。因为委托加工的烟丝收回后用于继续生产卷烟，因此代收代缴的消费税准予抵扣，这就使得第二个会计分录中，"应交税费——应交消费税"科目在借方。

实行从量计征的计算公式如下：

消费税应纳税额=委托加工数量×定额税率

实际上，这种情况下消费税的核算比较简单，只要已知委托加工的数量和定额税率即可。

| 范例解析 | 委托加工黄酒收回后作为原材料待用

某公司委托外单位代加工一批应缴纳消费税的黄酒，市场上没有同类产品销售价格。已知该公司发出材料成本为0.70万元，加工费0.80万元，加工成3吨的黄酒，增值税税率13%，由外单位代收代缴消费税，黄酒消费税定额税率240.00元/吨。黄酒已经加工完成，并由公司收回验收入库，加工费已用银行存款付讫。相关财税处理如下：

①核算发出的材料。

借：委托加工物资　　　　　　　　　　　　　　　7 000.00

　　贷：原材料　　　　　　　　　　　　　　　　　　7 000.00

②确认并核算外单位代收代缴的消费税，同时核算接受委托加工服务需要缴纳的增值税进项税额。

代收代缴的消费税=3×240.00=720.00（元）

增值税进项税额=8 000.00×13%=1 040.00（元）

借：委托加工物资　　　　　　　　　　　　　　　8 000.00

　　应交税费——应交增值税（进项税额）　　　 1 040.00

　　　　　　　　——应交消费税　　　　　　　　　 720.00

　　贷：银行存款　　　　　　　　　　　　　　　　 9 760.00

③收回加工完成的黄酒待用。

收回的黄酒入账价值=7 000.00+8 000.00=15 000.00（元）

借：原材料——黄酒　　　　　　　　　　　　　15 000.00

　　贷：委托加工物资　　　　　　　　　　　　　 15 000.00

④后续生产其他酒类产品进行销售时，需要缴纳消费税，相关财税处理也可参考2.2.2节的内容执行，这里不再详述。

在该案例中，由于委托加工的黄酒也没有同类产品市场销售价格，但它实行从量计征方式计征消费税，所以不需要核算组成计税价格，直接计算出受托方代收代缴的消费税720.00元。因为委托加工的黄酒收回后用于继续生产其他酒类产品，因此代收代缴的消费税也准予抵扣，这就使得第二个会计分录中，"应交税费——应交消费税"科目也在借方。

实行复合计征的计算公式为：

组成计税价格=（材料成本+加工费+委托加工数量×定额税额）÷（1-比例税率）

消费税应纳税额=组成计税价格×比例税率+委托加工数量×定额税率

| 范例解析 | 委托加工白酒收回后作为原材料待用

某公司委托外单位加工一批应缴纳消费税的白酒，市场上没有同类产品销售价格。已知该公司发出材料成本为0.70万元，加工费0.60万元，加工成4吨白酒，增值税税率13%，由外单位代收代缴消费税，白酒消费税比例税率为20%，定额税率为0.50元/500毫升。白酒已经加工完成，并由公司收回验收入库，加工费已用银行存款付讫。相关财税处理如下：

①核算发出的材料。

借：委托加工物资　　　　　　　　　　　　7 000.00
　　贷：原材料　　　　　　　　　　　　　　　7 000.00

②确认并核算白酒的组成计税价格以及外单位代收代缴的消费税，同时核算接受委托加工服务需要缴纳的增值税进项税额。假设1毫升=1克。

组成计税价格=（7 000.00+6 000.00+4×1 000÷0.5×0.50）÷（1-20%）=21 250.00（元）

代收代缴的消费税=21 250.00×20%+4×1 000÷0.5×0.50=8 250.00（元）

增值税进项税额=6 000.00×13%=780.00（元）

借：委托加工物资　　　　　　　　　　　　6 000.00
　　应交税费——应交增值税（进项税额）　　780.00
　　　　　　——应交消费税　　　　　　　　8 250.00
　　贷：银行存款　　　　　　　　　　　　　15 030.00

③收回加工完成的白酒待用。

收回的白酒入账价值=7 000.00+6 000.00=13 000.00（元）

借：原材料——白酒　　　　　　　　　　　13 000.00

　　　贷：委托加工物资　　　　　　　　　　　　　13 000.00

　　④后续生产其他酒类产品进行销售时，需要缴纳消费税，相关财税处理也可参考2.2.2节的内容执行。

　　在该案例中，由于委托加工的白酒没有同类产品市场销售价格，且实行复合计税方法计征消费税，所以需要核算组成计税价格，从而核算受托方代收代缴的消费税 8 250.00 元。因为委托加工的白酒收回后用于继续生产其他酒类产品，因此代收代缴的消费税也准予抵扣，即第二个会计分录中"应交税费——应交消费税"科目在借方。

　　（2）委托加工应税消费品收回后直接对外出售

　　如果委托加工应税消费品收回后直接用于对外销售的，就要将受托方代收代缴的消费税计入委托加工物资的成本，使得这部分消费税不能抵扣，实际上就相当于缴纳了消费税。

　　实行从价定率征收消费税的，参考委托加工应税消费品收回后，继续生产应税消费品的从价定率征收消费税。

| 范例解析 |　**委托加工烟丝收回后待售**

　　某公司委托外单位代加工一批应缴纳消费税的烟丝，市场上没有同类产品销售价格。已知该公司发出材料成本为1.30万元，加工费0.50万元，增值税税率13%，由外单位代收代缴消费税，烟丝消费税比例税率为30%。烟丝已经加工完成，并由该公司收回验收入库待售，加工费已用银行存款支付。相关财税处理如下：

　　①核算发出的材料。

　　借：委托加工物资　　　　　　　　　　　　　13 000.00

　　　贷：原材料　　　　　　　　　　　　　　　13 000.00

　　②确认并核算烟丝的组成计税价格以及外单位代收代缴的消费税，同时核算接受委托加工服务需要缴纳的增值税进项税额。

　　组成计税价格＝（13 000.00+5 000.00）÷（1−30%）=25 714.29（元）

代收代缴的消费税=25 714.29×30%=7 714.29（元）

增值税进项税额=5 000.00×13%=650.00（元）

由于收回的烟丝直接待售，所以代收代缴的消费税不能抵扣，要计入委托加工物资的成本。

委托加工物资的入账价值=5 000.00+7 714.29=12 714.29（元）

借：委托加工物资　　　　　　　　　　　　　12 714.29

　　应交税费——应交增值税（进项税额）　　　650.00

　　贷：银行存款　　　　　　　　　　　　　13 364.29

③收回的烟丝确认库存商品。

库存商品的入账价值=13 000.00+12 714.29=25 714.29（元）

借：库存商品——烟丝　　　　　　　　　　　25 714.29

　　贷：委托加工物资　　　　　　　　　　　25 714.29

④后续出售该批烟丝时不再涉及消费税。

实行从量定额征收消费税的，参考委托加工应税消费品收回后，继续生产应税消费品的从量定额征收消费税。

| 范例解析 | **委托加工黄酒收回后待售**

某公司委托外单位代加工一批应缴纳消费税的黄酒，市场上没有同类产品销售价格。已知该公司发出材料成本为0.70万元，加工费0.80万元，加工成3吨的黄酒，增值税税率13%，由外单位代收代缴消费税，黄酒消费税定额税率240.00元/吨。黄酒已经加工完成，并由公司收回验收入库待售，加工费已用银行存款付讫。相关财税处理如下：

①核算发出的材料。

借：委托加工物资　　　　　　　　　　　　　7 000.00

　　贷：原材料　　　　　　　　　　　　　　7 000.00

②确认并核算外单位代收代缴的消费税，同时核算接受委托加工服务需要缴纳的增值税进项税额。

代收代缴的消费税=3×240.00=720.00（元）

增值税进项税额=8 000.00×13%=1 040.00（元）

由于收回的黄酒直接待售，所以代收代缴的消费税不能抵扣，要计入委托加工物资的成本。

委托加工物资的入账价值=8 000.00+720.00=8 720.00（元）

借：委托加工物资　　　　　　　　　　8 720.00

　　应交税费——应交增值税（进项税额）　1 040.00

　　　贷：银行存款　　　　　　　　　　9 760.00

③收回的黄酒确认库存商品。

库存商品的入账价值=7 000.00+8 720.00=15 720.00（元）

借：库存商品——黄酒　　　　　　　　15 720.00

　　　贷：委托加工物资　　　　　　　　15 720.00

④后续出售该批黄酒时不再涉及消费税。

实行复合计税方法计征消费税的，参考委托加工应税消费品收回后，继续生产应税消费品的复合计税方法征收消费税。

| 范例解析 | **委托加工白酒收回后待售**

某公司委托外单位加工一批应缴纳消费税的白酒，市场上没有同类产品销售价格。已知该公司发出材料成本为0.70万元，加工费0.60万元，加工成4吨白酒，增值税税率13%，由外单位代收代缴消费税，白酒消费税比例税率为20%，定额税率为0.50元/500毫升。白酒已经加工完成，并由公司收回验收入库待售，加工费已用银行存款付讫。相关财税处理如下：

①核算发出的材料。

借：委托加工物资　　　　　　　　　　7 000.00

　　　贷：原材料　　　　　　　　　　　7 000.00

②确认并核算白酒的组成计税价格以及外单位代收代缴的消费税，同时核算接受委托加工服务需要缴纳的增值税进项税额。假设1毫升=1克。

组成计税价格=（7 000.00+6 000.00+4×1 000÷0.5×0.50）÷（1－20%）=21 250.00（元）

代收代缴的消费税=21 250.00×20%+4×1 000÷0.5×0.50=8 250.00（元）

增值税进项税额=6 000.00×13%=780.00（元）

由于收回的白酒直接待售，所以代收代缴的消费税不能抵扣，要计入委托加工物资的成本。

委托加工物资的入账价值=6 000.00+8 250.00=14 250.00（元）

借：委托加工物资　　　　　　　　　　　　14 250.00

　　应交税费——应交增值税（进项税额）　　780.00

　　　贷：银行存款　　　　　　　　　　　　15 030.00

③收回的白酒确认库存商品。

库存商品入账价值=7 000.00+14 250.00=21 250.00（元）

借：库存商品——白酒　　　　　　　　　　21 250.00

　　　贷：委托加工物资　　　　　　　　　　21 250.00

④后续出售该批白酒时不再涉及消费税。

2.2.5　出售或转让固定资产的财税处理

企业在生产经营过程中，偶尔会有出售或转让固定资产的业务活动发生，比如因设备性能不符合生产需要，或者设备闲置等原因。那么，出售或转让固定资产时，是否涉及税务处理呢？答案是肯定的。

出售或转让固定资产时，由于这些业务活动不是企业的日常经营活动，因此，不确认收入，而是通过"固定资产清理"科目进行核算。另外，也需要按规定核算增值税销项税额。

在出售或转让固定资产进行财税核算时，具体包括五个环节。

第一步，固定资产转入清理。企业因出售、报废、毁损、对外投资、非货币性资产交换以及债务重组等转出的固定资产，按照该项固定资产的账面价值，借记"固定资产清理"科目；按已经计提的累计折旧，借记"累计折旧"科目；按已经计提的减值准备，借记"固定资产减值准备"科目；按其账面原价，贷记"固定资产"科目。

第二步，核算发生的清理费用。出售或转让固定资产的过程中，应支付的清理费用及其可抵扣的增值税进项税额，借记"固定资产清理"和"应交税费——应交增值税（进项税额）"科目，贷记"银行存款"等科目。

第三步，核算收回的出售固定资产的价款、残料价值和变价收入等。收回出售固定资产的价款和税款，借记"银行存款"科目；按增值税专用发票上注明的价款，贷记"固定资产清理"科目，按注明的增值税税额，贷记"应交税费——应交增值税（销项税额）"科目。残料入库，按残料价值，借记"原材料"等科目，贷记"固定资产清理"科目。

第四步，保险赔偿的处理。这种情况一般出现在固定资产报废、毁损等处理工作中。应由保险公司或过失人赔偿的损失，借记"其他应收款"科目，贷记"固定资产清理"科目。

第五步，处理出售、转让固定资产的净损益。固定资产清理完成后，对净损益的清理需要区分不同情况进行账务处理。属于生产经营期间正常的处置损失，借记"资产处置损益"科目，贷记"固定资产清理"科目；正常的处置收益，借记"固定资产清理"科目，贷记"资产处置损益"科目。属于自然灾害等非正常原因造成的净损失，借记"营业外支出——非常损失"科目，贷记"固定资产清理"科目；非正常原因造成的净收益，借记"固定资产清理"科目，贷记"营业外收入——非流动资产处置利得"科目。

| 范例解析 | **出售一处仓库涉及的财税核算**

某公司2021年12月将其拥有的一处闲置仓库对外出售，购买时账面原价为90.00万元，已计提折旧36.00万元，未计提减值准备。实际出售价格为62.00万元（不含税），增值税税率9%，款项已存入银行。已知出售过程中

发生清理费用共2 500.00元（不含税），收到增值税专用发票，注明税率13%，款项已用银行存款支付。相关财税处理如下：

①将仓库账面价值转入固定资产清理。

仓库账面价值=900 000.00-360 000.00=540 000.00（元）

借：固定资产清理　　　　　　　　　　　　540 000.00
　　累计折旧　　　　　　　　　　　　　　360 000.00
　　　贷：固定资产——仓库　　　　　　　　　　　900 000.00

②核算出售过程中发生的清理费用。

增值税进项税额=2 500.00×13%=325.00（元）

借：固定资产清理　　　　　　　　　　　　2 500.00
　　应交税费——应交增值税（进项税额）　　325.00
　　　贷：银行存款　　　　　　　　　　　　　　2 825.00

③核算出售仓库收到的价款。

增值税销项税额=620 000.00×9%=55 800.00（元）

借：银行存款　　　　　　　　　　　　　　675 800.00
　　　贷：固定资产清理　　　　　　　　　　　620 000.00
　　　　　应交税费——应交增值税（销项税额）　55 800.00

④至此"固定资产清理"科目借方发生额合计542 500.00元（2 500.00+540 000.00），贷方发生额合计620 000.00元，余额77 500.00元（620 000.00-542 500.00）在贷方，说明公司出售该仓库发生净收益。由于出售仓库属于经营期间正常的处置，因此直接通过"资产处置损益"科目核算。

借：固定资产清理　　　　　　　　　　　　77 500.00
　　　贷：资产处置损益　　　　　　　　　　　77 500.00

如果涉及保险赔偿或者过失人赔偿呢？又该怎么进行财税处理？

| 范例解析 |　仓库因失火报废的财税处理

2021年11月，某公司名下的一处仓库因管理人员操作不当而失火，导

致毁损。已知该仓库购买时账面原价为88.00万元，已计提折旧35.20万元，未计提减值准备。公司购买了财产险，由保险公司承诺赔款42.50万元，由过失人赔偿1 500.00元，以示惩戒。款项尚未收到，残料入库，价值1.60万元，相关财税处理如下：

①将损毁的仓库账面价值转入固定资产清理。

仓库账面价值=880 000.00−352 000.00=528 000.00（元）

借：固定资产清理 528 000.00
　　累计折旧 352 000.00
　　贷：固定资产——仓库 880 000.00

②残料入库。

借：原材料 16 000.00
　　贷：固定资产清理 16 000.00

③核算保险赔偿和过失人赔偿。

借：其他应收款——××保险公司 425 000.00
　　　　　　　　——×× 1 500.00
　　贷：固定资产清理 426 500.00

④后期收到赔款。

借：银行存款 426 500.00
　　贷：其他应收款——××保险公司 425 000.00
　　　　　　　　　——×× 1 500.00

⑤由于公司的仓库是毁损报废，因此不涉及其他的收入项目。至此，"固定资产清理"科目的借方发生额合计为528 000.00元，贷方发生额合计为442 500.00元，表现为借方余额，说明公司此次仓库毁损报废，发生了85 500.00元（528 000.00−442 500.00）的净损失。该净损失是过失人引发火灾造成的，不属于自然灾害等非正常原因，因此需要通过"资产处置损益"科目进行核算。

借：资产处置损益 85 500.00
　　贷：固定资产清理 85 500.00

如果这里的仓库是由于泥石流或者台风等毁损报废，则最后的会计分录应编写为：

借：营业外支出——非常损失　　　　　　　85 500.00

　　贷：固定资产清理　　　　　　　　　　　85 500.00

从该案例可以知道，企业处置固定资产时涉及的保险赔偿或者过失人赔偿，通常不涉及税务处理。

2.2.6　出售多余物料涉及的增值税税务

如果企业生产经营所用的物料有剩余，且预计今后也不会再使用，此时就可以将多余的物料对外出售，减少物料储存成本，避免浪费。

出售多余物料的财税处理与企业出售自产产品的财税处理相似，都需要核算增值税销项税额，同时还要确认收入并结转所出售物料的成本。如果原材料涉及消费税的缴纳，则还需要核算消费税。

在核算所出售物料的增值税销项税额时，以出售的物料的价值乘以物料适用的增值税税率。下面就通过一个简单的案例来学习出售多余物料的财税核算工作。

| 范例解析 |　**售出多余物料的财税核算**

某公司2021年12月底，在对存货进行清点盘查时发现，有一批原材料搁置很久未使用，且预估以后生产活动也不需要，于是决定将这批原材料售出。已知该批原材料售出价款为1.52万元，向购买原材料一方开具增值税专用发票，注明税率为13%，不属于消费税的征税范围，经查，该批原材料的购买成本为1.48万元，款项已由银行收讫。那么出售该批原材料的财税核算处理怎么做呢？

①确认其他业务收入并核算增值税销项税额

增值税销项税额=15 200.00×13%=1 976.00（元）

借：银行存款　　　　　　　　　　　　　17 176.00

　　　贷：其他业务收入　　　　　　　　　　15 200.00

　　　　　应交税费——应交增值税（销项税额）　1 976.00

②结转这批物料的成本。

借：其他业务成本　　　　　　　　　　　14 800.00

　　贷：原材料　　　　　　　　　　　　　14 800.00

　　在该案例中，由于售出的原材料不属于消费税的征税范围，因此财税处理不考虑消费税。又因为销售原材料并不属于公司的日常经营活动，所以不能将销售所获的收入确认为主营业务收入，但它又与公司日常经营活动相关，所以确认为其他业务收入，同时，结转的原材料成本就确认其他业务成本。

　　注意，如果企业将多余的物料用于非增值税应税项目，或者用于集体福利或个人消费税，此时不视同销售行为，而改变用途的物料对应的已经在前期抵扣的增值税进项税额，要做进项税额转出处理。

2.2.7　各种视同销售货物行为的增值税处理

　　在本章 2.2.3 节中，我们简单介绍了一些视同销售货物行为，这里针对其中一些行为涉及的增值税处理进行详细阐述。

　　（1）将货物交付其他单位或个人代销

　　将货物交付其他单位或个人代销的，其纳税义务发生时间为收到代销单位的代销清单，或者收到全部或部分货款的当天。未收到代销清单及货款的，纳税义务发生时间为发出代销货物满 180 天的当天。

| 范例解析 |　委托他人代销货物的增值税处理

　　2021年11月初，某公司委托乙公司销售商品300件，商品已经发出，每件成本为150.00元。合同约定乙公司应按每件230.00元（不含税）对外销售，公司按照售价的10%向乙公司支付手续费。11月乙公司对外实际销售180件，11月30日，公司收到乙公司开具的代销清单时，收到货款，同时向乙公司开具一张增值税专用发票，注明税率13%。假定公司发出商品时纳税义务尚未发生，采取实际成本法核算。

①11月初发出商品。

发出商品的成本=300×150.00=45 000.00（元）

借：发出商品　　　　　　　　　　　　　　　45 000.00

　　贷：库存商品　　　　　　　　　　　　　　　45 000.00

②11月30日收到代销清单和货款。

主营业务收入=230.00×180=41 400.00（元）

增值税销项税额=41 400.00×13%=5 382.00（元）

借：银行存款　　　　　　　　　　　　　　　46 782.00

　　贷：主营业务收入　　　　　　　　　　　　　41 400.00

　　　　应交税费——应交增值税（销项税额）　　5 382.00

同时结转成本。

已售出商品的成本=150.00×180=27 000.00（元）

借：主营业务成本　　　　　　　　　　　　　27 000.00

　　贷：发出商品　　　　　　　　　　　　　　　27 000.00

③后期在收到剩余销售货款时，按照相同的方法确认收入和增值税销项税额，同时结转对应的成本。

如果企业是销售自身代其他单位出售的货物，则纳税义务发生时间就在销售货物时，与企业销售一般货物的税务处理相同，可参考第 2.2.1 节的内容。

（2）将外购货物无偿赠送其他单位或个人

将外购货物无偿赠送其他单位或个人，应视同对外销售处理，需要确认增值税销项税额。但是因为企业没有获得实际的销售收入，所以不能做收入确认核算。

以捐赠货物的市场价格计算确定增值税销项税额，然后加上货物的成本，确认企业的营业外支出。

| 范例解析 |　将外购货物无偿赠送其他单位的增值税处理

2021年12月20日，某公司以外购的一批物资对外捐赠给福利机构。已知该批物资的实际成本为15.00万元，市场售价为18.00万元，开具的增值税专用发票上注明的增值税税率为13%。该业务对应的财税核算如下：

增值税销项税额=180 000.00×13%=23 400.00（元）

借：营业外支出——捐赠支出　　　　　　　　　173 400.00

　　贷：库存商品　　　　　　　　　　　　　　　　150 000.00

　　　　应交税费——应交增值税（销项税额）　　 23 400.00

（3）将自产货物作为投资提供给其他单位

将自产货物作为投资提供给其他单位的，要确认视同销售的收入，具体确认为其他业务收入，同时还要核算增值税销项税额、结转货物对应的成本。结转成本时要与收入对应，即通过"其他业务成本"科目核算。

| 范例解析 |　将自产商品作为投资提供给其他单位

2021年7月，某公司将自产的一批商品对外进行长期股权投资。该批商品的实际成本为65.00万元，与被投资方协商不含税价值为82.00万元，开具的增值税专用发票上注明的增值税税率为13%。相关财税处理如下：

①确认收入和投资。

增值税销项税额=820 000.00×13%=106 600.00（元）

借：长期股权投资　　　　　　　　　　　　　　926 600.00

　　贷：其他业务收入　　　　　　　　　　　　　　820 000.00

　　　　应交税费——应交增值税（销项税额）　 106 600.00

②结转商品的实际成本。

借：其他业务成本   650 000.00

  贷：库存商品   650 000.00

2.3　附加税费的核算处理

在我国现行的税制中，附加税费包括两类：一是根据正税的征收同时加征的某个税种，这种作为税种存在的附加税，通常是以正税的实际缴纳税额为征税依据，如城市维护建设税，是以增值税和消费税的实际缴纳税额作为计税依据的；二是在正税征收的同时，再对正税额外加征的一部分税收，这种属于正税一部分的附加税，通常是按照正税的征收标准征收的。本节主要介绍增值税、消费税的附加税费的财税核算，即城市维护建设税、教育费附加和地方教育附加。

2.3.1　城市维护建设税的核算

在我国，城市维护建设税的征税范围包括城市、县城、建制镇以及税法规定征税的其他地区。其中，城市、县城、建制镇的范围应根据行政区作为划分标准，不得随意扩大或缩小各行政区域的范围。

城市维护建设税有四个特点，见表 2-1。

表 2-1　城市维护建设税的特点

特　　点	概　　述
税款专款专用	按照财政的一般要求，税收及其他政府收入应纳入国家预算，根据需要统一安排其用途，并不规定各个税种收入的具体使用范围和方向。但是也有个别税种事先明确规定使用范围和方向，税款的缴纳和受益更直接地联系起来，常称之为受益税。而城市维护建设税就事先规定专款专用，用来保证城市的公共事业和公共设施的维护和建设

续表

特　点	概　述
是一种附加税	城市维护建设税没有独立的征税对象或税基，而是以增值税和消费税的实际缴纳税额之和为计税依据，随两者同时附征
根据城建规模设计税率	通常，城镇规模越大，需要的建设与维护资金越多，相应地，城市维护建设税的税率就会越高
征税范围较广	因为城市维护建设税是增值税和消费税这两个主体税种的附加税，所以只要缴纳增值税、消费税中任一税种的纳税人，都要缴纳城市维护建设税。通俗地说就是，除了减免税等特殊情况外，任何从事生产经营活动的企业单位和个人都要缴纳城市维护建设税

按照城镇规模的不同，我国城市维护建设税法规定了三档城市维护建设税税率。

◆　**纳税人所在地在市区的**：税率为 7%。

◆　**纳税人所在地在县城、镇的**：税率为 5%。

◆　**纳税人所在地不在市区、县城或者镇的**：税率为 1%。

这里所说的"纳税人所在地"，是指纳税人住所地或者与纳税人生产经营活动相关的其他地点，具体地点由省、自治区、直辖市确定。

城市维护建设税的应纳税额按照计税依据乘以具体适用税率计算，用公式表示为：

应纳税额=实际缴纳的增值税和消费税税额之和×适用税率

在做财税处理时，企业发生的城市维护建设税通过"税金及附加"科目进行核算，最终影响企业当期的损益。

| 范例解析 |　核算公司当月需要缴纳的城市维护建设税

已知某公司2021年12月实际缴纳了 52 386.00元的增值税，没有涉及消费税的缴纳。该公司所在地规定城市维护建设税率为7%，则12月应缴纳多少城市维护建设税呢？

城市维护建设税应纳税额=52 386.00×7%=3 667.02（元）

①12月计提应缴纳的城市维护建设税。

借：税金及附加　　　　　　　　　　　　　　3 667.02

　　贷：应交税费——应交城市维护建设税　　　　　　3 667.02

②实际缴纳城市维护建设税税款时。

借：应交税费——应交城市维护建设税　　　　3 667.02

　　贷：银行存款　　　　　　　　　　　　　　　　　3 667.02

注意，无论是城市维护建设税，还是其他税种，在实际缴纳税款时，通常都以银行存款支付。

2.3.2　教育费附加的核算

教育费附加是由税务机关负责征收，同级教育部门统筹安排，同级财政部门监督管理，专门用于发展地方教育事业的预算外资金。凡是缴纳增值税、消费税的单位和个人，均为教育费附加的纳税义务人；凡是代征增值税、消费税的单位和个人，也是代征教育费附加的义务人。

因此，教育费附加的征费范围与增值税、消费税的征收范围相同。在实际核算企业需要缴纳的教育费附加时，要以纳税人实际缴纳的增值税、消费税之和为计费依据。用计算公式表示为：

应纳教育费附加=实际缴纳的增值税和消费税税额之和×适用税率

在我国，教育费附加的征收费率为3%。

| 范例解析 |　核算公司当月需要缴纳的教育费附加

已知某公司2021年12月实际缴纳了52 386.00元的增值税，没有涉及消费税的缴纳。该公司所在地规定教育费附加的征收费率为3%，则12月应缴纳多少教育费附加呢？

教育费附加应纳费额=52 386.00×3%=1 571.58（元）

①12月计提应缴纳的教育费附加。

借：税金及附加   1 571.58

   贷：应交税费——教育费附加   1 571.58

②实际缴纳教育费附加时。

借：应交税费——教育费附加   1 571.58

   贷：银行存款   1 571.58

需要明确的是，教育费附加是一种附加费，它不是税，因此不属于我国现行 18 种税的范畴。

2.3.3 地方教育附加的核算

地方教育附加是指根据国家有关规定，为实施"科教兴省"战略，增加地方教育的资金投入，促进各省、自治区、直辖市教育事业发展而开征的一项地方政府性基金。

按照地方教育附加使用管理规定，在各省、直辖市的行政区域内，凡是缴纳增值税、消费税的单位和个人，都应按规定缴纳地方教育附加。

地方教育附加和教育费附加一样，也要以单位和个人实际缴纳的增值税、消费税税额为计税依据，与增值税、消费税同时计算征收。该附加费的征收率由各省地方税务机关自行制定，但常见的费率为 2%。用计算公式表示为：

应纳地方教育附加=实际缴纳的增值税和消费税税额之和×适用税率

| 范例解析 | 核算公司当月需要缴纳的地方教育附加

已知某公司2021年12月实际缴纳了52 386.00元的增值税，没有涉及消费税的缴纳。该公司所在地规定地方教育附加的征收费率为2%，则12月应缴纳多少地方教育附加呢？

地方教育附加应纳费额=52 386.00×2%=1 047.72（元）

①12月计提应缴纳的地方教育附加。

借：税金及附加　　　　　　　　　　　1 047.72

　　贷：应交税费——地方教育附加　　　　　1 047.72

②实际缴纳地方教育附加时。

借：应交税费——地方教育附加　　　　　1 047.72

　　贷：银行存款　　　　　　　　　　　　1 047.72

第③章

企业所得税和个人所得税的财税处理

所得税是税的一类，按自然人、公司或者法人为课税单位。以公司或者法人为课税单位的，缴纳企业所得税；以自然人为课税单位的，缴纳个人所得税。不管是企业所得税，还是个人所得税，都是以所得额为课税对象。本章就来认识和学习这两个税种。

TAX

3.1 企业经营获利要缴纳企业所得税

可能有些对企业所得税不太了解的人会问：是不是所有的收入都需要缴纳企业所得税呢？不一定。企业所得税是有规定的征税范围的，在征税范围内的经营所得才需要缴纳企业所得税。

3.1.1 必须要分清的居民企业与非居民企业

根据《中华人民共和国企业所得税法》的规定，在中华人民共和国境内，企业和其他取得收入的组织为企业所得税的纳税人。而这里的企业分为居民企业和非居民企业，这两类企业类型在适用企业所得税税率时有明显不同。因此纳税人要在承担企业所得税纳税义务之前，明确两者的含义。

（1）居民企业

《中华人民共和国企业所得税法》所称的居民企业，是指依法在中国境内成立，或者依照外国（地区）法律成立但实际管理机构在中国境内的企业。

对于居民企业，应当就其来源于中国境内、境外的所得，缴纳企业所得税。

（2）非居民企业

《中华人民共和国企业所得税法》所称的非居民企业，是指依照外国（地区）法律成立且实际管理机构不在中国境内，但在中国境内设立机构、场所的，或者在中国境内未设立机构、场所，但有来源于中国境内所得的企业。

对于非居民企业，在中国境内设立机构、场所的，应当就其所设机构、场所取得的来源于中国境内的所得，以及发生在中国境外但与其所设机构、场所有实际联系的所得，缴纳企业所得税。

在中国境内未设立机构、场所的，或者虽设立机构、场所但取得的所得与其所设机构、场所没有实际联系的，应当就其来源于中国境内的所得，缴纳企业所得税。

非居民企业取得《中华人民共和国企业所得税法》第三条第三款规定的所得，适用税率为 20%。

3.1.2　明确哪些收入需要征收企业所得税

在学习企业所得税的财税核算以及税务处理前，必须要明确企业经营过程中哪些收入需要征收企业所得税，哪些收入不需要缴纳企业所得税。

根据我国企业所得税法的规定，企业以货币形式和非货币形式从各种来源取得的这些收入（见表 3-1），需要计入当期收入总额，计缴企业所得税。

表 3-1　企业所得税的征税范围

征税范围	简　　述
销售货物收入	指企业销售商品、产品、原材料、包装物、低值易耗品及其他存货取得的收入。这类收入的获取形式不同，确认收入的时间也会不同
提供劳务收入	指企业从事建筑安装、修理修配、交通运输、仓储租赁、金融保险、邮电通信、咨询经纪、文化体育、科学研究、技术服务、教育培训、餐饮住宿、中介代理、卫生保健、旅游、娱乐、加工以及其他劳务服务活动取得的收入。企业在各个纳税期末，提供劳务交易的结果能够可靠估计的，应采用完工进度法确认提供劳务收入
转让财产收入	指企业转让固定资产、生物资产、无形资产、股权和债权等财产取得的收入。这类收入应当按照从财产受让方已收或者应收的合同或协议价款确认收入
股息、红利等权益性投资收益	指企业因权益性投资从被投资方取得的收入。这类收入，除国务院财政、税务主管部门另有规定外，按照被投资方做出利润分配决定的日期确认收入的实现

征税范围	简　　述
利息收入	指企业将资金提供给他人使用但不构成权益性投资，或者因他人占用本企业资金而取得的收入，包括存款利息、贷款利息、债券利息和欠款利息等收入。这类收入按照合同约定的债务人应付利息的日期确认收入的实现
租金收入	指企业提供固定资产、包装物或其他有形资产的使用权而取得的收入。这类收入按照合同约定的承租人应付租金的日期确认收入的实现，如果交易合同或协议中规定租赁期限跨年度，且租金提前一次性支付的，出租人可对已确认的收入，在租赁期内分期均匀计入相关年度收入
特许权使用费收入	指企业提供专利权、非专利技术、商标权、著作权以及其他特许权的使用权所取得的收入。这类收入按照合同约定的特许权使用人应付特许权使用费的日期确认收入的实现
接受捐赠收入	指企业接受的来自其他企业、组织或者个人无偿给予的货币性资产和非货币性资产。注意，企业以买一赠一等方式组合销售本企业商品的，不属于捐赠，应将总的销售金额按各项商品的公允价值的比例来分摊确认各项商品的销售收入
其他收入	指企业取得上述收入以外的其他收入，包括企业资产溢余收入、逾期未退包装物押金收入、确实无法偿付的应付款项、已作坏账损失处理后又收回的应收款项、债务重组收入、补贴收入、违约金收入和汇兑收益等

为了更进一步掌握企业所得税的征税范围，我们还有必要了解不征税收入和免税收入。

不征税收入主要包括以下两大类：

◆ **财政拨款**：指各级人民政府对纳入预算管理的事业单位、社会团体等组织拨付的财政资金，但国务院和国务院财政、税务主管部门另有规定的除外。县级以上人民政府将国有资产无偿划入企业，凡指定专门用途并按规定进行管理的，企业可作为不征税收入进行企业所得税处理。

◆ **依法收取并纳入财政管理的行政事业性收费、政府性基金**：行政事业性收费指依照法律法规等有关规定，按照国务院规定程序批准，在实施社会公共管理以及在向公民、法人或者其他组织提供特定公共服务过程中，向特定对象收取并纳入财政管理的费用。政府性基金指企业依照法律、行政法规等有关规定，代政府收取的具有专项用途的财政资金。

除此以外，还有国务院规定的其他不征税收入，这里不做详解。

免税收入主要包括以下四大类：

①国债利息收入，指企业持有国务院财政部门发行的国债所取得的利息收入。

②符合条件的居民企业之间的股息、红利等权益性投资收益，指居民企业直接投资于其他居民企业所取得的投资收益。

③在中国境内设立机构、场所的非居民企业从居民企业取得与该机构、场所有实际联系的股息、红利等权益性投资收益，不包括连续持有居民企业公开发行并上市流通的股票不足 12 个月取得的投资收益。

④符合条件的非营利组织的收入，不包括非营利组织从事营利性活动取得的收入，但国务院财政、税务主管部门另有规定的除外。换句话说，对非营利组织从事非营利性活动取得的收入给予免税。

不征税收入与免税收入有很大的区别，且一定要分清楚。

不征税收入是指从性质和根源上不属于企业营利性活动带来的经济利益、不负有纳税义务，并不作为应纳税所得额组成部分的收入。

免税收入指属于企业的应税所得，但按照税法规定免予征收企业所得税的收入。

3.1.3 企业所得税的常见税率

企业所得税的常见税率为 25%，因为税收优惠政策的存在，所以会出现一些低税率，如 20%、15% 和 10% 等。具体情况如下：

居民企业：居民企业就其来源于中国境内、境外的所得，按照25%的税率缴纳企业所得税，享受税收优惠政策的除外。

非居民企业：在中国境内设立机构、场所的，应就其所设机构、场所取得的来源于中国境内的所得，以及发生在中国境外但与其所设机构、场所有实际联系的所得，按照25%的税率缴纳企业所得税；在中国境内未设立机构、场所的，或者虽设立机构、场所但取得的所得与其所设机构、场所没有实际联系的，应就其来源于中国境内的所得，减按10%缴纳企业所得税。

小型微利企业：符合条件的小型微利企业，减按20%的税率征收企业所得税。

高新技术企业和技术先进型服务企业：国家需要重点扶持的高新技术企业，减按15%的税率征收企业所得税；自2018年1月1日起，对经认定的技术先进型服务企业（服务贸易类），减按15%的税率征收企业所得税。

3.1.4　应纳税所得额的确定是关键

在核算企业应缴纳的企业所得税时，关键操作是要确定应纳税所得额。

应纳税所得额是企业所得税的计税依据，指企业每一纳税年度的收入总额，减除不征税收入、免税收入、各项扣除以及允许弥补的以前年度亏损后的余额。用计算公式表示为：

应纳税所得额＝收入总额－不征税收入－免税收入－各项扣除－以前年度亏损

这里的收入总额、不征税收入和免税收入已经在3.1.2节内容中介绍过。而各项扣除主要指的是各种税前扣除项目，包括成本、费用、税金、损失和其他支出，具体内容见表3-2。

表 3-2　企业所得税的税前扣除项目

项目	简　述
成本	指企业在生产经营活动中发生的销售成本、销货成本、业务支出以及其他耗费
费用	指企业在生产经营活动中发生的销售费用、管理费用和财务费用，但已经计入成本的有关费用除外 销售费用指应由企业负担的为销售商品而发生的费用 管理费用指企业的行政管理部门为管理组织经营活动提供各项支援性服务而发生的费用 财务费用指企业筹集经营性资金而发生的费用
税金	指企业发生的除企业所得税和允许抵扣的增值税以外的各项税金及其附加，如按规定缴纳的消费税、关税、城市维护建设税、教育费附加、地方教育附加、房产税、车船税、城镇土地使用税、土地增值税、印花税和资源税等。因为企业缴纳的增值税属于价外税，所以不在此列中
损失	指企业在生产经营活动中发生的固定资产和存货的盘亏、毁损、报废损失，转让财产损失，呆账和坏账损失，以及自然灾害等不可抗力因素造成的损失和其他损失。注意，企业发生的损失，要以减除责任人赔偿和保险赔款后的余额，依照国务院财政、税务主管部门的规定扣除
其他支出	指除成本、费用、税金和损失外，企业在生产经营活动中发生的与生产经营活动有关的、合理的支出

下面通过一个案例来看看如何确定企业的应纳税所得额。

| 范例解析 |　**核算企业所得税的应纳税所得额**

某公司2021年财务会计认定的收入总额为1 450.00万元，其中，国家财政补贴60.00万元，国债利息收入70.00万元。期间费用、成本支出以及其他支出合计850.00万元。该公司存在以前年度亏损70.00万元，已经过税务机关认可。确定该公司2021年的企业所得税应纳税所得额。

①国家财政补贴属于不征税收入。

②国债利息收入属于免税收入。

③期间费用、成本支出和其他支出属于税前扣除项目。

④以前年度亏损经税务机关认可，则可以在税前进行扣除。

应纳税所得额=1 450.00−60.00−70.00−850.00−70.00=400.00（万元）

注意，如果该案例中，公司的财务会计认定的收入总额中就没有包括国家财政补贴60.00万元、国债利息收入70.00万元，此时认定的收入总额同样为1 450.00万元，则应纳税所得额的计算如下：

应纳税所得额 =1 450.00−850.00−70.00=530.00（万元）

3.1.5 必须要牢记的税前扣除项目及标准

在上一小节内容中已经初步认识了企业所得税的税前扣除项目，但在实务中有些项目并不能发生了多少就可以扣除多少，需要根据规定的扣除标准执行税前扣除操作。这里针对一些具体的项目进行扣除标准的介绍。

（1）工资、薪金支出

企业发生的合理的工资薪金支出，准予据实扣除。工资薪金主要包括基本工资、奖金、津贴、补贴、年终加薪、加班工资以及与员工任职或受雇有关的其他支出。

这里要注意的是"合理的"工资薪金支出，如果工资薪金支出被税务机关查出不合理，后期可能会涉及补缴税款。

另外，如果企业存在安置残疾人员所支付的工资，则可以进行加计扣除。即在按照支付给残疾职工工资据实扣除的基础上，还可以按照支付给残疾职工工资的100%加计扣除。

比如，某公司因安置残疾人员就业而支付的工资总额为6.00万元，则这部分工资在进行税前扣除时，可以扣除12.00万元。

（2）职工福利费、职工教育经费、工会经费

企业发生的职工福利费、职工教育经费和工会经费都需要按标准扣除。

未超过标准的据实扣除，超过扣除标准的就需要按标准扣除。

企业发生的职工福利费支出，不超过工资薪金总额 14% 的部分，准予扣除；超过部分不予扣除。企业发生的职工福利费，应单独设置账册进行准确地核算；没有单独设置账册进行核算的，税务机关应责令企业在规定的期限内进行改正；逾期仍未改正的，税务机关可对企业发生的职工福利费进行合理的核定。

企业发生的职工教育经费支出，不超过工资薪金总额 8% 的部分，准予在计算企业所得税应纳税所得额时扣除；超过部分，准予在以后纳税年度结转扣除。

企业拨缴的工会经费，不超过工资薪金总额 2% 的部分，准予扣除；超过部分不予扣除。

（3）社会保险费

企业依照国务院有关主管部门或省级人民政府规定的范围和标准为职工缴纳的基本养老保险费、基本医疗保险费、失业保险费、工伤保险费以及生育保险费等基本社会保险费和住房公积金，准予据实扣除。

自 2002 年 1 月 1 日起，企业根据国家有关政策规定，为在本企业任职或受雇的全体员工支付的补充养老保险费和补充医疗保险费，分别在不超过职工工资总额 5% 的标准内的部分，准予扣除；超过部分不予扣除。

企业职工因公出差乘坐交通工具发生的人身意外保险费支出，准予企业在计算应纳税所得额时，据实扣除。

除企业依照国家有关规定为特殊工种职工支付的人身安全保险费和国务院财政、税务主管部门规定可以扣除的其他商业保险费外，企业为投资者或职工支付的商业保险费，不得在税前扣除。

（4）借款费用

企业在生产经营活动中发生的合理的、不需要资本化的借款费用，准予据实扣除。

企业为购置、建造固定资产、无形资产和经过 12 个月以上的建造才能达到预定可销售状态的存货而发生借款的，在有关资产购置、建造期间发生的合理借款费用，应作为资本性支出计入有关资产的成本，并依照我国企业所得税法的有关规定进行扣除。

（5）利息费用

非金融企业向金融企业借款的利息支出、金融企业的各项存款利息支出和同业拆借利息支出，以及企业经批准发行债券的利息支出，准予据实扣除。

非金融企业向非金融企业借款的利息支出，不超过按照金融企业同期同类贷款利率计算的数额的部分，准予据实扣除；超过部分不予扣除。

知识延伸 | 金融企业的范围

金融企业是指各类银行、保险公司以及经中国人民银行批准从事金融业务的非银行金融机构。

企业向股东或其他与企业有关联关系的自然人借款的利息支出，应根据《企业所得税法》和《财政部 国家税务总局关于企业关联方利息支出税前扣除标准有关税收政策问题的通知》规定的条件，计算企业所得税的扣除额。

企业向除股东或其他与企业有关联关系的自然人以外的内部职工或其他人员借款的利息支出，其借款情况符合下列条件的，且利息支出不超过按照金融企业同期同类贷款利率计算的数额的部分，准予扣除。

◆ 企业与个人之间的借贷是真实、合法、有效的，且不具有非法集资目的或其他违反法律、法规的行为。

◆ 企业与个人之间签订了借款合同。

注意，如果是企业投资者在规定期限内未缴足其应缴资本额，而企业因此对外借款所发生的利息支出，不属于企业合理的利息支出，应由企业投资者负担，不能在计算企业应纳税所得额时扣除。

（6）汇兑损失

企业在货币交易中，以及纳税年度终了时将人民币以外的货币性资产、负债按照期末即期人民币汇率中间价折算为人民币时产生的汇兑损失，除已经计入有关资产成本以及向所有者进行利润分配相关的部分外，准予扣除。

（7）公益性捐赠

企业通过公益性社会组织或县级（含县级）以上人民政府及其组成部门和直属机构，用于慈善活动、公益事业的捐赠支出，在年度利润总额 12% 以内的部分，准予扣除；超过 12% 的部分，准予结转以后三年内扣除。

这里需要注意的是，只有通过上述组织或机构进行公益性捐赠，才能按照这样的标准进行税前扣除。如果企业只是通过上述组织或机构以外的单位或组织、机构进行捐赠，或者企业自己直接对外捐赠，则对应的捐赠支出就不能在税前扣除。而且，公益性社会组织应当依法取得公益性捐赠税前扣除资格。公益性捐赠具体范围如下：

- ◆ 救助灾害、救济贫困、扶助残疾人等困难的社会群体和个人的活动。
- ◆ 教育、科学、文化、卫生、体育事业。
- ◆ 环境保护、社会公共设施建设。
- ◆ 促进社会发展和进步的其他社会公共和福利事业。

（8）业务招待费

企业发生的与生产经营活动有关的业务招待费支出，按照发生额的 60% 扣除，但最高不得超过当年销售（营业）收入的 5‰。

企业在筹建期间发生的与筹办活动有关的业务招待费支出，可按实际发生额的 60% 计入企业筹办费，并按有关规定在税前扣除。

（9）广告费和业务宣传费

企业发生的符合条件的广告费和业务宣传费支出，除国务院财政、税务主管部门另有规定外，不超过当年销售（营业）收入 15% 的部分，准予扣除；超过部分准予在以后纳税年度结转扣除。

企业在筹建期间发生的广告费和业务宣传费支出，可按实际发生额计入企业筹办费，并按有关规定在税前扣除。

根据《财政部 税务总局关于广告费和业务宣传费支出税前扣除有关事项的公告》（财税 2020 年第 43 号）的规定，自 2021 年 1 月 1 日起至 2025 年 12 月 31 日，对化妆品制造或销售、医药制造和饮料制造（不含酒类制造）企业发生的广告费和业务宣传费支出，不超过当年销售（营业）收入 30% 的部分，准予扣除；超过部分准予在以后纳税年度结转扣除。

另外，烟草企业的烟草广告费和业务宣传费支出，一律不得在计算应纳税所得额时扣除。

（10）环境保护专项资金

企业依照法律、行政法规有关规定提取的用于环境保护、生态恢复等方面的专项资金，准予税前据实扣除。

这些专项资金提取后改变用途的，不得税前扣除。

（11）保险费

企业参加财产保险，按照规定缴纳的保险费，准予据实扣除。

企业参加雇主责任险、公众责任险等责任保险，按照规定缴纳的保险费，准予据实扣除。

（12）租赁费

企业根据生产经营活动的需要，以经营租赁方式租入固定资产产生的租赁费支出，准予据实扣除。具体操作时可按照租赁期限均匀扣除。

企业根据生产经营活动的需要，以融资租赁方式租入固定资产产生的租赁费支出，按照规定构成融资租入固定资产价值的部分，应当提取折旧费用分期扣除。注意，此种租赁费在实际支出时不能执行税前扣除。

（13）劳动保护费、有关资产的费用

企业发生的合理的劳动保护支出，准予据实扣除。

企业转让各类固定资产发生的费用，准予扣除。企业按规定计算的固定资产折旧费、无形资产和递延资产的摊销费等，准予扣除。

（14）总机构分摊的费用

非居民企业在中国境内设立的机构、场所，就其中国境外总机构发生的与该机构、场所生产经营有关的费用，能够提供总机构出具的费用汇集范围、定额、分配依据和方法等证明文件，并合理分摊的，准予扣除分摊的费用。

（15）手续费及佣金支出

财产保险企业发生的手续费及佣金支出，按照全部保费收入扣除退保金等后余额的 15% 计算扣除限额；人身保险企业发生的手续费及佣金支出，按当年全部保费收入扣除退保金等后余额的 10% 计算扣除限额。

从事代理服务、主营业务收入为手续费、佣金的企业（如证券、期货、保险代理等企业），其为取得该类收入而实际发生的营业成本（包括手续费和佣金支出），准予在企业所得税前据实扣除。

除了保险企业外的其他企业发生的手续费及佣金支出等，按与具有合法经营资格的中介服务机构或个人（不含交易双方及其雇员、代理人和代表人等）所签订服务协议或合同确认的收入金额的 5% 计算扣除限额。

（16）研究开发费用

企业为了开发新技术、新产品、新工艺发生的研究开发费用，未形成无形资产而计入当期损益的，在按照规定据实扣除的基础上，按照研究开发费用的 50% 加计扣除；形成无形资产的，按照无形资产成本的 150% 摊销。

但是，烟草制造业、住宿和餐饮业、批发和零售业、房地产业、租赁和商务服务业、娱乐业以及财政部和国家税务总局规定的其他行业，不适用税前加计扣除政策。

另外，根据《财政部 税务总局关于进一步完善研发费用税前加计扣除政策的公告》（财税 2021 年第 13 号）的规定，制造业企业开展研发活动中实际发生的研发费用，未形成无形资产而计入当期损益的，在按规定据实扣除的基础上，自 2021 年 1 月 1 日起，再按照实际发生额的 100% 在税前加计扣除；形成无形资产的，自 2021 年 1 月 1 日起，按照无形资产成本的 200% 在税前摊销。

而根据《研发费用税前加计扣除新政指引》的规定，除制造业以外的企业，且不属于烟草制造业、住宿和餐饮业、批发和零售业、房地产业、租赁和商务服务业、娱乐业的，企业开展研发活动中实际发生的研发费用，未形成无形资产计入当期损益的，在 2023 年 12 月 31 日前，在按规定据实扣除的基础上，再按照实际发生额的 75% 在税前加计扣除；形成无形资产的，在上述期间按照无形资产成本的 175% 在税前摊销。

知识延伸 | 如何判定多业经营企业是否属于制造业

根据《研发费用税前加计扣除新政指引》的规定，既有制造业收入，又有其他业务收入的企业，以制造业业务为主营业务，享受优惠当年主营业务收入占收入总额的比例在50%以上的，为制造业企业。制造业收入占收入总额的比例低于50%的，为其他企业。

| 范例解析 | 核算公司可以在税前扣除的研究开发费用

某公司为制造业企业，2021年因开发新技术而发生的研究开发费用共108.00万元，当年未形成无形资产。

分析：由于公司2021年开发新技术发生研究开发费用，且当年未形成无形资产，所以需要将这些费用计入当期损益，在按规定据实扣除108.00万元的基础上，还可以按标准加计扣除。

因为该公司开发新技术所处时间为2021年，符合按照实际发生额的100%在税前加计扣除，所以：

可税前扣除的研究开发费用=108.00+108.00×100%=216.00（万元）

如果该公司不属于制造业企业，则2021年发生的研究开发费用允许税前扣除的金额计算如下：

可税前扣除的研究开发费用=108.00+108.00×75%=189.00（万元）

除了前述这些税前扣除项目外，依照有关法律、行政法规和国家有关税法规定准予扣除的项目还有其他一些，如会员费、合理的会议费、差旅费、违约金和诉讼费用等。

为了避免企业财会人员将不能进行税前扣除的项目进行税前扣除，从而使企业陷入纳税风险，财会人员还需要熟记以下不得在计算企业所得税的应纳税所得额时扣除的项目。

◆ 向投资者支付的股息、红利等权益性投资收益款项。

◆ 企业所得税税款。

◆ 税收滞纳金，具体指纳税人违反税收法规，被税务机关处以的滞纳金。

◆ 罚金、罚款和被没收财物的损失，指纳税人违反国家有关法律、法规的规定，被有关部门处以的罚款，以及被司法机关处以的罚金和被没收的财物。

◆ 超过规定标准的捐赠支出，主要是指非公益性捐赠。

◆ 赞助支出，具体指企业发生的与生产经营活动无关的各种非广告性质支出。

◆ 未经核定的准备金支出，具体指不符合国务院财政、税务主管部门规定的各项资产减值准备、风险准备等准备金支出。

◆ 企业之间支付的管理费、企业内营业机构之间支付的租赁和特许权使用费，以及非银行企业内营业机构之间支付的利息等。

◆ 与取得收入无关的其他支出。

3.1.6 核算企业所得税应纳税额

企业所得税的应纳税额是指应纳税所得额与适用税率的乘积，再减去减免税额和抵免税额后的余额，用计算公式表示为：

应纳税额 = 应纳税所得额 × 适用税率 - 减免税额 - 抵免税额

上述公式中的减免税额和抵免税额，是指依照我国企业所得税法和国务院的税收优惠政策规定，减征、免征和抵免的应纳税额。

企业取得的下列所得和已在境外缴纳的所得税税额，可以从其当期应纳税额中抵免，抵免限额为该项所得依照规定计算的应纳税额；超过抵免限额的部分，可以在以后五个年度内，用每年抵免限额抵免当年应抵税额后的余额进行抵补。

①居民企业来源于中国境外的应税所得。

②非居民企业在中国境内设立机构、场所，取得发生在中国境外但与该机构、场所有实际联系的应税所得。

另外，居民企业从其直接或间接控制的外国企业分得的来源于中国境外的股息、红利等权益性投资收益，外国企业在境外实际缴纳的所得税税额中属于该项所得负担的部分，可以作为该居民企业的可抵免境外所得税税额，在规定的抵免限额内抵免。

| 范例解析 | **核算企业所得税的应纳税额**

某公司为增值税一般纳税人，增值税税率13%，2021年度有关经营情况如下：

①实现产品销售收入2 000.00万元，取得国债利息收入30.00万元。

②产品销售成本1 500.00万元，销售费用56.25万元。

③缴纳增值税72.50万元，城市维护建设税5.08万元，教育费附加2.18万元，地方教育附加1.45万元。

④7月1日向银行借款50.00万元用于生产经营，借款期限半年，银行贷款年利率为4.35%，支付利息1.09万元。

⑤10月1日向非金融机构借款60.00万元用于生产经营，借款期限3个月，支付利息0.65万元。

⑥管理费用171.25万元，其中业务招待费共15.00万元。

⑦全年购置机器设备四台，共支付19.20万元。

⑧意外事故损失材料实际成本10.00万元，获保险公司赔款4.00万元。

假设该公司不存在其他纳税调整事项，适用企业所得税税率为25%。根据上述信息，计算该公司2021年应缴纳的企业所得税。

分析：国债利息收入30.00万元免征企业所得税。

向非金融机构借款利息支出0.65万元，是根据借款60.00万元乘以金融机构同期同类贷款利率4.35%，再除以4（三个月为一个季度）而得来，因此0.65万元可以全额在计算应纳税所得额时扣除。

而业务招待费用税前扣除限额：2 000.00×5‰=10.00（万元），15.00×60%=9.00（万元），允许税前扣除的业务招待费为9.00万元。

公司购置机器设备属于资本性支出，只能按照规定计提折旧，购买时支付的款项不能在税前扣除。

意外事故损失材料的进项税额需要转出，作为财产损失，而净损失为：10.00×（1+13%）−4.00=7.30（万元）

应纳税所得额=2 000.00−1 500.00−56.25−5.08−2.18−1.45−1.09−0.65−（171.25−15.00）−9.00−7.30=260.75（万元）

应纳税额=260.75×25%=65.19（万元）

在该案例中，计算应纳税所得额时没有用到增值税额72.50万元，这是因为增值税为价外税，它不通过"税金及附加"科目核算，所以不会影响企业当期损益，在计算应纳税所得额时就不会考虑增值税。

公司生产经营过程中，一旦发生前述介绍的有税前扣除标准的成本、费用项目，就很可能涉及纳税调整事项，会使应纳税所得额的计算变得很复杂，需要在计算过程中认真、仔细分析。

如果还存在递延所得税，也会影响企业最终缴纳的企业所得税费用。涉及的计算公式如下：

$$所得税费用=当期应交企业所得税+递延所得税$$

$$递延所得税=（递延所得税负债的期末余额-递延所得税负债的期初余额）-（递延所得税资产的期末余额-递延所得税资产的期初余额）$$

只要参考案例的分析计算过程算出企业当期应交企业所得税，就可以结合递延所得税资产和递延所得税负债科目的金额数据，求出当期最终需要缴纳的所得税费用。这里不再单独举例说明。

3.2　企业要为员工代扣代缴个人所得税

任职或受雇于企业的员工，其需要缴纳的个人所得税通常由任职或受雇企业代扣代缴，不需要员工个人自行缴纳。这就使得企业也需要做个人所得税的相关财税处理。本节就来认识个人所得税及其财税核算内容。

3.2.1　居民纳税人和非居民纳税人

个人所得税的缴纳同样需要区分纳税人身份，即居民纳税人和非居民纳税人。

（1）居民纳税人

在中国境内有住所，或者无住所而一个纳税年度内在中国境内居住累计满 183 天的个人，为居民个人。居民个人就其从中国境内和境外取得的所得，缴纳个人所得税。所以，负担纳税义务的居民个人就是居民纳税人。

注意，在中国境内无住所的居民个人，在境内居住累计满 183 天的年度连续不满 5 年的，或满 5 年但其间有单次离境超过 30 天情形的，其来源于中国境外的所得，经向主管税务机关备案，可以只就由中国境内企事业单位和其他经济组织或者居民个人支付的部分缴纳个人所得税。

在境内居住累计满 183 天的年度连续满 5 年的纳税人，且在 5 年内未发生单次离境超过 30 天的情形的，从第 6 年起，中国境内居住累计满 183 天的，应当就其来源于中国境外的全部所得缴纳个人所得税。

（2）非居民纳税人

在中国境内无住所又不居住，或者无住所而一个纳税年度内在中国境内居住累计不满 183 天的个人，为非居民个人。非居民个人就其从中国境内取得的所得，缴纳个人所得税。所以，负担纳税义务的非居民个人就是非居民纳税人。

注意，在中国境内无住所，且在一个纳税年度中在中国境内连续或者累计居住不超过 90 天的个人，其来源于中国境内的所得，由境外雇主支付且不由该雇主在中国境内的机构、场所负担的部分，免予缴纳个人所得税。

3.2.2　熟知个人所得税的九个应税项目

按照应纳税所得额的来源划分，我国现行个人所得税的应税项目有九个，见表 3-3。

表 3-3　个人所得税的应税项目

应税项目	说　明
工资、薪金所得	指个人因任职或受雇而取得的工资、薪金、奖金、年终加薪、劳动分红、津贴、补贴以及与任职或受雇有关的其他所得。下列项目不属于工资、薪金性质的补贴、津贴，不予征收个人所得税： ①独生子女补贴；②执行公务员工资制度未纳入基本工资总额的补贴、津贴差额和家属成员的副食补贴；③托儿补助费；④差旅费津贴、午餐补助

应税项目	说　　明
劳务报酬所得	指个人独立从事非雇佣的各种劳务所取得的所得。这些劳务包括设计、装潢、安装、制图、化验、测试、医疗、法律、会计、咨询、讲学、翻译、审稿、书画、雕刻、影视、录音、录像、演出、表演、广告、展览、技术服务、介绍服务、经纪服务、代办服务和其他劳务等 个人兼职取得的收入应按该类所得缴纳个人所得税；证券经纪人从证券公司取得的佣金收入，应按照该类所得缴纳个人所得税；个人保险代理人以其取得的佣金、奖励和劳务费等相关收入（不含增值税）减去地方税费附加和展业成本，按照规定计缴个人所得税
稿酬所得	指个人因其作品以图书、报刊形式出版、发表而取得的所得。这里所指的作品，主要包括文学作品、书画作品、摄影作品，以及其他作品。作者去世后，财产继承人取得的遗作稿酬，也应征收个人所得税
特许权使用费所得	指个人提供专利权、商标权、著作权、非专利技术以及其他特许权的使用权所取得的所得 注意，提供著作权的使用权取得的所得，不包括稿酬所得；对于作者将自己的文字作品手稿原件或复印件公开拍卖（竞价）取得的所得，属于提供著作权的使用所得；个人取得特许权的经济赔偿收入，也应作为"特许权使用费所得"项目缴纳个人所得税
经营所得	经营所得主要包括四类 ①个人通过在中国境内注册登记的个体工商户、个人独资企业、合伙企业从事生产、经营活动取得的所得 ②个人依法取得执照，从事办学、医疗、咨询以及其他有偿服务活动取得的所得 ③个人承包、承租、转包、转租取得的所得 ④个人从事其他生产、经营活动取得的所得
利息、股息、红利所得	指个人拥有债权、股权而取得的利息、股息、红利所得。其中，利息一般指存款、贷款和债券的利息；股息、红利指个人拥有股权取得的公司、企业分红。按一定比率派发的每股息金称为股息；根据公司、企业应分配的超过股息部分的利润，按股派发的红股称为红利

续表

应税项目	说　明
财产租赁所得	指个人出租不动产、土地使用权、机器设备、车船以及其他财产取得的所得 　个人取得的房屋转租收入也属于"财产租赁所得"项目，按照规定计缴个人所得税
财产转让所得	指个人转让有价证券、股权、合伙企业中的财产份额、不动产、土地使用权、机器设备、车船以及其他财产取得的所得 　注意，个人以非货币性资产投资，属于个人转让非货币性资产和投资同时发生，对于个人转让非货币性资产的所得，应按照"财产转让所得"项目，依法计缴个人所得税；个人通过网络收购玩家的虚拟货币，加价后向他人出售取得的收入，应按照"财产转让所得"项目计缴个人所得税
偶然所得	指个人得奖、中奖、中彩以及其他偶然性质的所得。得奖指参加各种有奖竞赛活动，取得名次得到的奖金；中奖、中彩指参加各种有奖活动，如有奖储蓄、购买彩票等，经规定程序，抽中或摇中号码而取得的奖金

实际生活中，个人取得多种所得时，需要分别按照各自的纳税标准计缴个人所得税。年终时需要汇算清缴的，要按规定进行汇算清缴，多退少补个人所得税。

3.2.3　不同情形下的个人所得税税率标准

个人取得收入的来源不同，其适用的个人所得税税率标准就不同，针对上一小节介绍的九个应税项目，主要划分了三大类个人所得税税率标准。

（1）综合所得的税率标准

综合所得是指工资薪金所得、劳务报酬所得、稿酬所得和特许权使用费所得这四个应税项目的统称。

综合所得适用3%～45%的超额累进税率，根据《中华人民共和国个人所得税法》的规定，具体税率见表3-4。

表 3-4 综合所得适用的个人所得税税率（一）

级数	全年应纳税所得额	税率（%）
1	不超过 36 000.00 元的	3
2	超过 36 000.00 元至 144 000.00 元的部分	10
3	超过 144 000.00 元至 300 000.00 元的部分	20
4	超过 300 000.00 元至 420 000.00 元的部分	25
5	超过 420 000.00 元至 660 000.00 元的部分	30
6	超过 660 000.00 元至 960 000.00 元的部分	35
7	超过 960 000.00 元的部分	45

实际工作中，为了简化个人所得税的计算过程，引入了"速算扣除数"，此时个人所得税税率情况见表 3-5。

表 3-5 综合所得适用的个人所得税税率（二）

级数	全年应纳税所得额	税率（%）	速算扣除数
1	不超过 36 000.00 元的	3	0.00
2	超过 36 000.00 元至 144 000.00 元的	10	2 520.00
3	超过 144 000.00 元至 300 000.00 元的	20	16 920.00
4	超过 300 000.00 元至 420 000.00 元的	25	31 920.00
5	超过 420 000.00 元至 660 000.00 元的	30	52 920.00
6	超过 660 000.00 元至 960 000.00 元的	35	85 920.00
7	超过 960 000.00 元的	45	181 920.00

关于这两种表达方式的区别，在本章 3.2.6 节介绍个人所得税应纳税额的计算时会详细说明。

上述两个表格展示的个人所得税税率标准，适用于居民个人取得综合所得。如果是非居民个人取得工资、薪金所得，劳务报酬所得，稿酬所得和特许权使用费所得，则需要将前述表格内容按月换算后计算个人所得税，见表 3-6。

表 3-6　工资薪金所得适用的个人所得税税率（一）

级数	全月应纳税所得额	税率（%）
1	不超过 3 000.00 元的	3
2	超过 3 000.00 元至 12 000.00 元的部分	10
3	超过 12 000.00 元至 25 000.00 元的部分	20
4	超过 25 000.00 元至 35 000.00 元的部分	25
5	超过 35 000.00 元至 55 000.00 元的部分	30
6	超过 550 000.00 元至 80 000.00 元的部分	35
7	超过 80 000.00 元的部分	45

同样，按月换算后的个人所得税税率表，也可以借助"速算扣除数"，简化个人所得税的计算，见表 3-7。

表 3-7　工资薪金所得适用的个人所得税税率（二）

级数	全月应纳税所得额	税率（%）	速算扣除数
1	不超过 3 000.00 元的	3	0.00
2	超过 3 000.00 元至 12 000.00 元的	10	210.00
3	超过 12 000.00 元至 25 000.00 元的	20	1 410.00
4	超过 25 000.00 元至 35 000.00 元的	25	2 660.00
5	超过 35 000.00 元至 55 000.00 元的	30	4 410.00
6	超过 55 000.00 元至 80 000.00 元的	35	7 160.00
7	超过 80 000.00 元的	45	15 160.00

（2）经营所得

经营所得适用 5% ~ 35% 的超额累进税率，根据《中华人民共和国个人所得税法》的规定，具体税率见表 3-8。

表 3-8　经营所得适用的个人所得税税率

级数	全年应纳税所得额	税率（%）
1	不超过 30 000.00 元的	5
2	超过 30 000.00 元至 90 000.00 元的部分	10
3	超过 90 000.00 元至 300 000.00 元的部分	20
4	超过 300 000.00 元至 500 000.00 元的部分	30
5	超过 500 000.00 元的部分	35

（3）其他所得

这里的其他所得是指利息、股息、红利所得，财产租赁所得，财产转让所得以及偶然所得。这些所得适用固定的比例税率，税率为 20%。

需要注意的是，自 2001 年 1 月 1 日起，对个人出租住房取得的所得，暂减按 10% 的税率征收个人所得税。

3.2.4　应纳税所得额的确定是重点

不管是哪种情形下适用的税率，我们都可以看到等级划分标准与应纳税所得额密切相关。因为应纳税所得额也是个人所得税的计税依据，所以应纳税所得额的确定是核算个人所得税应纳税额的重点，必须掌握。

为了更清楚地了解个人所得税的应纳税所得额的由来，下面分不同的情况予以介绍。

（1）综合所得的应纳税所得额

综合所得主要是针对居民纳税人而言，以每一纳税年度的收入额减除费用 6.00 万元以及专项扣除、专项附加扣除和依法确定的其他扣除后的余额，为应纳税所得额，用下列计算公式表示为：

应纳税所得额=每一纳税年度的收入额-6.00万元-专项扣除-专项附加扣除-依法确定的其他扣除

上述计算公式中，6.00 万元是规定的减除费用，而专项扣除包括居民个人按照国家规定的范围和标准缴纳的基本养老保险、基本医疗保险、失业保险等社会保险费和住房公积金。

专项附加扣除是指个人所得税法规定的子女教育、继续教育、大病医疗、住房贷款利息、住房租金和赡养老人这六项专项附加扣除，具体的扣除标准在下一小节会做详细介绍。

如果居民个人的综合所得中包括劳务报酬所得、稿酬所得和特许权使用费所得中的一种或几种，此时综合所得的应纳税所得额的计算就比较复杂，需要分开核算工资、薪金所得，劳务报酬所得，稿酬所得和特许权使用费所得分别计入收入总额的部分。

工资、薪金所得，按照实际取得的收入计入综合所得，劳务报酬所得、稿酬所得以及特许权使用费所得，要按照如下规则确定计入综合所得的收入额。

①每次收入 ≤ 4 000.00 元。

劳务报酬所得、特许权使用费所得以收入减去 800.00 元的费用后的余额为计入综合所得的收入额；稿酬所得以收入减去 800.00 元的费用后的余额作为收入额，并减按 70% 计入综合所得。用下列计算公式表示为：

计入综合所得的收入额＝劳务报酬所得或特许权使用费所得－800.00

计入综合所得的收入额＝（稿酬所得－800.00）×70%

②每次收入 > 4 000.00 元。

劳务报酬所得、特许权使用费所得以收入减去 20% 的费用后的余额为计入综合所得的收入额；稿酬所得以收入减去 20% 的费用后的余额作为收入额，并减按 70% 计入综合所得。用下列计算公式表示为：

计入综合所得的收入额＝劳务报酬所得或特许权使用费所得×（1－20%）

计入综合所得的收入额＝稿酬所得×（1－20%）×70%

下面通过一个案例来看看综合所得的应纳税所得额的计算。

| 范例解析 | 计算综合所得的应纳税所得额

严某是某公司职员，每月工资3.00万元，每月缴纳三险一金共2 000.00元，交商业保险1 000.00元。2月外出兼职取得收入1.00万元，同月业余写作获得稿酬收入2 500.00元。假设不存在专项附加扣除和其他依法确定的扣除项目，严某全年的应纳税所得额为多少呢？

①严某每月工资3.00万元需要全额计入综合所得。

②缴纳的三险一金属于专项扣除，且可以全额扣除。

③缴纳的商业保险不属于专项扣除项目，在计算应纳税所得额时不予扣除。

④外出兼职取得的收入1.00万元，需要作为劳务报酬所得，又因为超过了4 000.00元，所以需要以减去20%的费用后的余额作为收入额计入综合所得。

⑤写作获得的稿酬收入2 500.00元，因为没有超过4 000.00元，所以需要以减去800.00元的费用后的余额作为收入额，再减按70%计入综合所得。

全年应纳税所得额=30 000.00×12+10 000.00×（1−20%）+（2 500.00−800.00）×70%−60 000.00−2 000.00×12=285 190.00（元）

该案例中，在计算全年应纳税所得额时，"30 000.00×12"是全年的工资收入计入综合所得的收入额；"10 000.00×（1−20%）"是全年兼职收入计入综合所得的收入额；"（2 500.00−800.00）×70%"是全年稿酬所得计入综合所得的收入额；"60 000.00"是按规定减除的费用；"2 000.00×12"是减除的全年专项扣除。

（2）非居民个人的应纳税所得额

非居民个人的工资、薪金所得，以每月收入额减除费用5 000.00元后的余额为应纳税所得额；劳务报酬所得、稿酬所得以及特许权使用费所得，以每次收入额为应纳税所得额。用计算公式表示为：

工资、薪金所得的应纳税所得额=每月收入额−5 000.00

劳务报酬所得（或稿酬所得、特许权使用费所得）的应纳税所得额=每次收入额也就是说，非居民个人取得的劳务报酬所得、稿酬所得或者特许权使用费所得，不再像居民个人综合所得一样要分是否超过 4 000.00 元的情况，也不会对稿酬所得的收入额进行减按操作，而是直接以每次实际获得的收入额为应纳税所得额。沿用上一个案例，假设严某为非居民个人，则：

每月工资、薪金所得应纳税所得额=30 000.00－5 000.00－2 000.00＝23 000.00（元）

劳务报酬所得应纳税所得额=10 000.00（元）

稿酬所得应纳税所得额=2 500.00（元）

（3）经营所得的应纳税所得额

经营所得，以每一纳税年度的收入总额减除成本、费用以及损失后的余额，为应纳税所得额。用计算公式表示为：

经营所得的应纳税所得额=年度收入总额－成本－费用－损失

上述公式中，成本、费用指个体工商户、个人独资企业、合伙企业以及个人，从事其他生产经营活动发生的各项直接支出和分配计入成本的间接费用，以及销售费用、管理费用和财务费用；损失指个体工商户、个人独资企业、合伙企业以及个人，从事其他生产经营活动发生的固定资产和存货的盘亏、毁损、报废损失，转让财产损失，坏账损失，自然灾害等不可抗力因素造成的损失以及其他损失。

个体工商户、个人独资企业、合伙企业以及个人从事其他生产经营活动，未提供完整、准确的纳税资料，不能正确计算应纳税所得额的，由主管税务机关核定其应纳税所得额。

个体工商户业主、个人独资企业投资者、合伙企业个人合伙人以及从事其他生产经营活动的个人，以其每一纳税年度来源于个体工商户、个人独资企业、合伙企业以及其他生产经营活动的所得，减除费用 6.00 万元、专项扣除以及依法确定的其他扣除后的余额，为应纳税所得额。

很显然，个体工商户与个体工商户业主、个人独资企业与个人独资企业投资者、合伙企业与合伙企业个人合伙人等，在计算个人所得税的应纳税所得额，方法是不同的。

| 范例解析 |　计算经营所得的应纳税所得额

某个人独资企业2021年全年营业收入180.00万元，营业成本105.00万元，发生销售费用10.50万元，管理费用18.00万元，财务费用0.30万元，税金及附加共7.00万元，其他合理支出及损失共计0.50万元。计算该公司当年需要计缴个人所得税的应纳税所得额。

应纳税所得额=180.00−105.00−10.50−18.00−0.30−7.00−0.50=38.70（万元）

（4）财产租赁所得的应纳税所得额

财产租赁所得，每次收入不超过4 000.00元的，减除费用800.00元，余额为应纳税所得额，用计算公式表示为：

财产租赁所得应纳税所得额=每次收入−800.00

每次收入超过4 000.00元的，减除20%的费用，余额为应纳税所得额，用计算公式表示为：

财产租赁所得应纳税所得额=每次收入×（1−20%）

如果在租赁过程中还缴纳了有关税费，或者支付了租赁财产的修缮费用，则需要从收入中扣除，然后再减去对应的费用。

财产租赁所得应纳税所得=每次收入−财产租赁过程中缴纳的税费−由纳税人负担的租赁财产实际开支的修缮费用（800.00元为限）−800.00

财产租赁所得应纳税所得额=[每次收入−财产租赁过程中缴纳的税费−由纳税人负担的租赁财产实际开支的修缮费用（800.00元为限）]×（1−20%）

注意，财产租赁所得，一般以一个月内取得的收入为一次。

下面通过一个案例来了解财产租赁所得的应纳税所得额的计算。

| 范例解析 |　计算财产租赁所得的应纳税所得额

李某将自有的一栋闲置居住用房对外出租，每月按照市场价格收取租金共2 400.00元，每月支付相关税费135.60元。已知该房屋从2021年1月开始出租，且当月发生修缮费2 000.00元，租期一年。当月申请代开增值税专用发票，注明税率9%，租金一次性计算，按季收取，相关财税处理如下：

①2021年1月出租房屋，开具增值税专用发票，纳税义务发生，确认收入，结转成本。

一年租金收入=2 400.00×12=28 800.00（元）

增值税销项税额=28 800.00×9%=2 592.00（元）

核算应收账款总额=28 800.00+2 592.00=31 392.00（元）

当月收到租期内的第一个季度租金共7 200.00元（2 400.00×3）。

②核算1月财产租赁所得的应纳税所得额。

1月租金收入共7 200.00元，另发生相关税费406.80元（135.60×3），修缮费2 000.00元，由于修缮费最高扣除限额为800.00元，因此，当月净收入5 993.20元（7 200.00-406.80-800.00），大于临界点4 000.00元，所以：

1月财产租赁所得应纳税所得额=（7 200.00-406.80-800.00）×（1-20%）=4 794.56（元）

由于1月在扣除修缮费时没有全部扣除，剩余1 200.00元（2 000.00-800.00）待扣除，所以4月收取租金时继续扣除。当月收到租期内第二个季度租金7 200.00元，相关税费406.80元，扣除修缮费最高限额800.00元，净收入为5 993.20元（7 200.00-406.80-800.00），大于临界点4 000.00元，4月财产租赁所得应纳税所得额同样为4 794.56元。

7月收取租金时，剩余待扣除的修缮费共400.00元（2 000.00-800.00-800.00），所以7月扣除400.00元修缮费，当月收到租期内第三个季度租金共7 200.00元，相关税费406.80元，净收入为6 393.20元（7 200.00-406.80-400.00），大于临界点4 000.00元，所以：

7月财产租赁所得应纳税所得额=（7 200.00-406.80-400.00）×（1-

20%）=5 114.56（元）

10月已经没有可以扣除的修缮费，当月收到租期内第四个季度的租金共7 200.00元，相关税费406.80元，净收入为6 793.20元（7 200.00-406.80），大于临界点4 000.00元，所以：

10月财产租赁所得应纳税所得额=（7 200.00-406.80）×（1-20%）=5 434.56（元）

由上述案例计算每个季度财产租赁所得应纳税所得额的过程可以看出，一定要注意修缮费的最高扣除限额，超过扣除限额的部分，需要结转到以后季度扣除。

（5）财产转让所得的应纳税所得额

财产转让所得，以转让财产的收入额减除财产原值和合理费用后的余额，为应纳税所得额，用公式表示为：

财产转让所得应纳税所得额=转让财产收入-财产原值-合理费用

注意，这里的转让财产收入不含增值税，并且，取得转让房屋时支付价款中包含的增值税计入财产原值。

这是一般情况下财产转让所得的应纳税所得额的计算方法。如果个人销售无偿受赠的不动产，则以其转让受赠房屋的收入减除原捐赠人取得该房屋的实际购置成本，以及赠予和转让过程中受赠人支付的相关税费后的余额，为受赠人的转让财产所得应纳税所得额，依法计征个人所得税。

如果受赠人转让受赠房屋的价格明显偏低且无正当理由的，税务机关可以依据该房屋的市场评估价格或其他合理方式确定价格，核定房屋转让收入。

| 范例解析 |　计算转让股票所得的应纳税所得额

章某2021年12月转让股票取得收入20.50万元，已知股票原值为12.00万元，支付相关交易税费1 200.00元，均取得合法发票。核算章某转让股票的应纳税所得额。

应纳税所得额=20.50−12.00−0.12=8.38（万元）

（6）利息、股息、红利所得的应纳税所得额

利息、股息、红利所得，以每次收入额为应纳税所得额，具体以支付利息、股息、红利时取得的收入为一次。

│范例解析│　计算股息所得的应纳税所得额

燕某2021年1月初，买入某上市公司股票，2021年7月初，持有该股票6个月，从该上市公司取得股息收入16 000.00元，那么，该股息所得对应的个人所得税应纳税所得额是多少呢？

分析：根据规定，个人从公开发行和转让市场取得的上市公司股票，持股期限在一个月内（含一个月）的，其股息、红利所得全额计入应纳税所得额；持股期限在一个月以上至一年（含一年）的，暂减按50%计入应纳税所得额。燕某持股6个月，且取得的是上市公司股票，因此股息收入暂减按50%计入个人所得税的应纳税所得额。

股息所得应纳税所得额=16 000.00×50%=8 000.00（元）

（7）偶然所得的应纳税所得额

偶然所得，以每次收入额作为应纳税所得额。一般以每次取得该项收入为一次。

根据《财政部　税务总局关于个人取得有关收入适用个人所得税应税所得项目的公告》（财税2019年第74号）的规定，个人为单位或他人提供担保获得收入，按照"偶然所得"项目计算缴纳个人所得税。

房屋产权所有人将房屋产权无偿赠予他人的，受赠人因无偿受赠房屋取得的受赠收入，按照"偶然所得"项目计算缴纳个人所得税。当然，如果赠予和受赠双方当事人符合下列情形，不征收个人所得税。

◆ 房屋产权所有人将房屋产权无偿赠予配偶、父母、子女、祖父母、外祖父母、孙子女、外孙子女、兄弟姐妹。

◆ 房屋产权所有人将房屋产权无偿赠予对其承担直接抚养或者赡养

义务的抚养人或者赡养人。

◆ 房屋产权所有人死亡，依法取得房屋产权的法定继承人、遗嘱继承人或者受遗赠人。

企业在业务宣传、广告等活动中，随机向本单位以外的个人赠送礼品（包括网络红包，下同），以及企业在年会、座谈会、庆典以及其他活动中向本单位以外的个人赠送礼品，个人取得的礼品收入，按照"偶然所得"项目计算缴纳个人所得税，但企业赠送的具有价格折扣或折让性质的消费券、代金券、抵用券、优惠券等礼品除外。

对于个人购买社会福利有奖募捐奖券，一次中奖收入不超过 10 000.00 元的，暂免征收个人所得税；一次中奖收入超过 10 000.00 元的，应按税法规定全额征税收个人所得税。

3.2.5　需要了解的个人所得税专项附加扣除

国家为了减轻自然人的个人所得税纳税负担，在 2018 年 12 月制定了个人所得税专项附加扣除暂行办法。而专项附加扣除主要包括六个项目，纳税人可以在计缴个人所得税前，按照规定进行扣除，具体可参考《国务院关于印发个人所得税专项附加扣除暂行办法的通知》（国发 2018 年第 41 号）。

（1）子女教育

纳税人的子女接受全日制学历教育的相关支出，按照每个子女每月 1 000.00 元的标准定额扣除。

这里的学历教育，包括义务教育（小学、初中教育）、高中阶段教育（普通高中、中等职业、技工教育）、高等教育（大学专科、大学本科、硕士研究生、博士研究生教育）。

年满 3 岁至小学入学前处于学前教育阶段的子女，按照前述规定执行。

在具体实施扣除时，父母可以选择由其中一方按扣除标准的 100% 扣除，也可以选择由双方分别按扣除标准的 50% 扣除，具体扣除方式在一个纳税年度内不能变更。

如果纳税人子女在中国境外接受教育，则纳税人还应当留存境外学校录取通知书、留学签证等相关教育的证明资料备查。

（2）继续教育

纳税人在中国境内接受学历（学位）继续教育的支出，在学历（学位）教育期间，按照每月 400.00 元定额扣除。同一学历（学位）继续教育的扣除期限不能超过 48 个月。

纳税人接受技能人员职业资格继续教育、专业技术人员职业资格继续教育的支出，在取得相关证书的当年，按照 3 600.00 元定额扣除。注意，这种情况下，纳税人应当留存相关证书等资料备查。

个人接受本科及以下学历（学位）继续教育，符合个人所得税专项附加扣除暂行办法规定扣除条件的，可以选择由其父母扣除，也可以选择由本人扣除。

（3）大病医疗

在一个纳税年度内，纳税人发生的与基本医保相关的医药费用支出，扣除医保报销后，个人负担（指医保目录范围内的自付部分）累计超过 15 000.00 元的部分，由纳税人在办理年度汇算清缴时，在 80 000.00 元限额内据实扣除。换句话说，如果个人负担部分超过 80 000.00 元，则最高只能扣除 80 000.00 元，超过部分需要计入应纳税所得额计缴个人所得税。

纳税人发生的医药费用支出可以选择由本人或者其配偶扣除；未成年子女发生的医药费用支出可以选择由其父母一方扣除。

纳税人应当留存医药服务收费及医保报销相关票据原件（或者复印件）等资料备查。医疗保障部门应当向患者提供在医疗保障信息系统记录的本人年度医药费用信息查询服务。

（4）住房贷款利息

纳税人本人或者配偶单独或者共同使用商业银行或者住房公积金个人

住房贷款，为本人或者其配偶购买中国境内住房，发生的首套住房贷款利息支出，在实际发生贷款利息的年度，按照每月1 000.00元的标准定额扣除，扣除期限最长不超过240个月。

特别要注意，纳税人只能享受一次首套住房贷款的利息扣除。个人所得税专项附加扣除暂行办法所称的首套住房贷款，是指购买住房享受首套住房贷款利率的住房贷款。

经夫妻双方约定，可以选择由其中一方扣除，具体扣除方式在一个纳税年度内不能变更。

如果夫妻双方婚前分别购买住房发生了首套住房贷款，则婚后，其贷款利息支出可以选择其中一套购买的住房，由购买方按扣除标准的100%扣除，也可以由夫妻双方对各自购买的住房分别按扣除标准的50%扣除，具体扣除方式在一个纳税年度内不能变更。

不管选择哪种扣除方式，纳税人都应当留存住房贷款合同、贷款还款支出凭证备查。

（5）住房租金

纳税人在主要工作城市没有自有住房而发生的住房租金支出，可以按照下列标准定额扣除：

◆ 直辖市、省会(首府)城市、计划单列市以及国务院确定的其他城市，扣除标准为每月1 500.00元。

◆ 除上述所列城市以外，市辖区户籍人口（以国家统计局公布的数据为准）超过100万的城市，扣除标准为每月1 100.00元；市辖区户籍人口不超过100万的城市，扣除标准为每月800.00元。

如果纳税人的配偶在纳税人的主要工作城市有自有住房，则视同纳税人在主要工作城市有自有住房，自然就不能享受住房租金的专项附加扣除。

这一规定中的主要工作城市，是指纳税人任职受雇的直辖市、计划单列市、副省级城市、地级市（地区、州、盟）全部行政区域范围；纳税人无任职受雇单位的，为受理其综合所得汇算清缴的税务机关所在城市。

如果夫妻双方的主要工作城市相同，则只能由一方扣除住房租金支出。

另外需要特别注意的，纳税人及其配偶在一个纳税年度内不能同时分别享受住房贷款利息和住房租金专项附加扣除。纳税人应当留存住房租赁合同、协议等有关资料备查。

（6）赡养老人

纳税人赡养一位及以上被赡养人的赡养支出，统一按照下列标准定额扣除：

◆ 纳税人为独生子女的，按照每月 2 000.00 元的标准定额扣除。

◆ 纳税人为非独生子女的，由其与兄弟姐妹分摊每月 2 000.00 元的扣除额度，每人分摊的额度不能超过每月 1 000.00 元。

如果纳税人为非独生子女，可以由赡养人均摊或者约定分摊，也可以由被赡养人指定分摊。约定或指定分摊的，必须签订书面分摊协议，且指定分摊优先于约定分摊。具体分摊方式和额度在一个纳税年度内不能变更。

该规定所称被赡养人，是指年满 60 岁的父母，以及子女均已去世的年满 60 岁的祖父母、外祖父母。

特别要注意，不管纳税人赡养几位符合条件的被赡养人，每月都只能按 2 000.00 元的标准定额扣除，并不是两位被赡养人每月就按 4 000.00 元扣除。

（7）3 岁以下婴幼儿照护

这里的 3 岁以下婴幼儿期间具体指婴幼儿出生当月至年满 3 周岁的前一个月。

纳税人照护 3 岁以下婴幼儿子女的相关支出，按照每个婴幼儿每月 1 000 元的标准定额扣除。父母可以选择由其中一方按扣除标准的 100% 扣除，也可以选择由双方分别按扣除标准的 50% 扣除，具体扣除方式在一个纳税年度内不能变更。

这些专项附加扣除的使用，将在本章 3.2.6 节介绍个人所得税应纳税额时结合学习。

3.2.6 核算企业代扣代缴的个人所得税

无论是哪种情形下的个人所得，在计算应缴纳的个人所得税时，都按照应纳税所得额乘以适用税率的思路进行。下面分情况介绍应纳税额的计算公式。

（1）综合所得的应纳税额

综合所得计缴个人所得税应纳税额时，要对工资、薪金所得，劳务报酬所得，稿酬所得和特许权使用费所得进行总计核算。综合所得的个人所得税应纳税额计算公式如下：

应纳税额＝应纳税所得额×适用税率－速算扣除数＝（每一纳税年度的收入额－费用6万元－专项扣除－专项附加扣除－依法确定的其他扣除）×适用税率－速算扣除数

上述计算公式中，"每一纳税年度的收入额"包括了工资、薪金所得以及劳务报酬所得、稿酬所得和特许权使用费所得计入综合所得收入额的部分。

| 范例解析 | 只有工资薪金所得的应纳税额核算

元某为居民纳税人，2021年共取得工资、薪金收入11.80万元，没有其他来源收入，全年缴纳三险一金共4 800.00元，有符合条件的专项附加扣除，其中继续教育3 600.00元，住房租金1.32万元，没有其他依法确定的扣除项目。计算元某当年需要缴纳的个人所得税。

应纳税所得额＝118 000.00－60 000.00－4 800.00－3 600.00－13 200.00

＝36 400.00（元）

由于年应纳税所得额为36 400.00元，根据个人所得税税率标准，超过36 000.00元。

①分步计算。

不超过36 000.00元的部分，适用一级税率3%；超过36 000.00元的部分适用二级税率10%。

应纳税额=36 000.00×3%+（36 400.00-36 000.00）×10%=1 120.00（元）

②利用速算扣除数，一步计算。

因为年应纳税所得额36 400.00元超过36 000.00元，未超过144 000.00元，所以用二级税率10%，速算扣除数为2 520.00。

应纳税额=36 400.00×10%-2 520.00=1 120.00（元）

从案例计算结果可知，两种计算方法算出的元某2021年应缴纳的个人所得税是一样的，为1 120.00元。为了简化运算，实务中大多数都用第二种方法，直接利用适用的最高级税率和对应的速算扣除数。

| 范例解析 | **不止工资薪金所得的综合所得应纳税额核算**

元某为居民纳税人，2021年共取得工资、薪金收入11.80万元，劳务报酬收入1.00万元，稿酬收入0.80万元，特许权使用费收入2.00万元，全年缴纳三险一金共4 800.00元，有符合条件的专项附加扣除，其中，继续教育3 600.00元，住房租金1.32万元，没有其他依法确定的扣除项目。计算元某当年需要缴纳的个人所得税。

分析：元某获得的劳务报酬收入共1.00万元，超过4 000.00元，减除20%费用后的余额作为收入额计入综合所得；稿酬收入0.80万元，也超过了4 000.00元，减除20%费用后的余额作为收入额，再减按70%计入综合所得；特许权使用费收入为2.00万元，超过4 000.00元，减除20%费用后的余额作为收入额计入综合所得。

劳务报酬收入计入综合所得=10 000.00×（1-20%）=8 000.00（元）

稿酬收入计入综合所得=8 000.00×（1-20%）×70%=4 480.00（元）

特许权使用费收入计入综合所得=20 000.00×（1-20%）=16 000.00（元）

应纳税所得额=（118 000.00+8 000.00+4 480.00+16 000.00-60 000.00-4 800.00-3 600.00-13 200.00）=64 880.00（元）

由于年应纳税所得额为64 880.00元，超过36 000.00元，且没有超过144 000.00元，所以用二级税率10%，速算扣除数2 520.00。

应纳税额=64 880.00×10%-2 520.00=3 968.00（元）

如果该案例中元某为非居民个人，则个人所得税应纳税额的计算又会不同。此时需要按月计算，非居民个人一般不参与年终汇算清缴。

（2）经营所得的应纳税额

经营所得的个人所得税应纳税额的计算，需要分两种情况。

①个体工商户的生产、经营所得应纳税额计算公式为：

应纳税额=应纳税所得额×适用税率-速算扣除数=（全年收入总额-成本-费用-税金-损失-其他支出-以前年度亏损）×适用税率-速算扣除数

②对企业事业单位的承包经营、承租经营所得应纳税额计算公式为：

应纳税额=应纳税所得额×适用税率-速算扣除数=（纳税年度收入总额-必要费用）×适用税率-速算扣除数

下面以个体工商户为例，看看经营所得的个人所得税应纳税额的核算。

| 范例解析 |　计算经营所得的个人所得税应纳税额

杨某是个体工商户，2021年实现收入总额360.00万元，成本费用270.00万元，当年发生相关税金支出1.30万元，没有其他损失，也没有以前年度亏损。计算杨某经营的个体工商户2021年需要缴纳的个人所得税。

应纳税所得额=3 600 000.00-2 700 000.00-13 000.00=887 000.00（元）

由于全年应纳税所得额为88.70万元，超过50.00万元，计算个人所得税应纳税额。

应纳税额=30 000.00×5%+60 000.00×10%+210 000.00×20%+200 000.00×30%+（887 000.00-30 000.00-60 000.00-210 000.00-200 000.00）×35%=244 950.00（元）

在该案例中，由于杨某经营的个体工商户的年应纳税所得额超过了最高税率等级，因此，前四个等级分别以年应纳税所得额的整个区间数额，分别乘以对应税率，计算个人所得税。而最后第五个等级时，就用实际的全年应纳税所得额减去前面四个等级已经算过个人所得税的应纳税所得额，所得的余额乘以第五个等级的税率。

（3）财产租赁所得的应纳税额

财产租赁所得的应纳税额，会因为应纳税所得额的计算不同而不同。

①每次（月）收入不超过 4 000.00 元的。

应纳税额=[每次（月）收入−财产租赁过程中缴纳的税费−由纳税人负担的租赁财产实际开支的修缮费用（800.00元为限）−800.00]×20%

②每次（月）收入超过 4 000.00 元的。

应纳税额=[每次收入−财产租赁过程中缴纳的税费−由纳税人负担的租赁财产实际开支的修缮费用（800.00元为限）]×（1−20%）×20%

可以看到，不管是哪种情况，只要计算出了应纳税所得额，就直接用应纳税所得额乘以税率20%，就可以计算出个人所得税应纳税额。

| 范例解析 |　计算财产租赁所得的个人所得税应纳税额

郑某2021年1月1日起，将自有的一套住房出租给罗某用于居住，租期一年，每月租金1 200.00元。1月发生房屋修缮费780.00元，每个季度收取一次租金，缴纳相关税费32.40元。核算郑某当年应缴纳的个人所得税。

①1月收取租金收入3 600.00元（1 200.00×3），不超过4 000.00元。

应纳税额=（3 600.00−32.40−780.00−800.00）×20%=397.52（元）

②4月收取租金收入3 600.00元，不超过4 000.00元。

应纳税额=（3 600.00−32.40−800.00）×20%=553.52（元）

③7月和10月分别收取租金收入3 600.00元，不超过4 000.00元，且没有修缮费用可以抵扣，所以个人所得税应纳税额也分别是553.52元。

郑某全年应纳税额=397.52+553.52×3=2 058.08（元）

（4）财产转让所得的应纳税额

财产转让所得的应纳税额计算公式为：

应纳税额=应纳税所得额×适用税率=（收入总额−财产原值−合理费用）×20%

| 范例解析 | 计算转让股票所得的个人所得税应纳税额

章某2021年12月转让股票取得收入20.50万元，已知股票原值为12.00万元，支付相关交易税费1 200.00元，均取得合法发票。核算章某转让股票应缴纳的个人所得税。

应纳税额=（20.50-12.00-0.12）×20%=1.68（万元）

（5）利息、股息、红利所得的应纳税额

利息、股息、红利所得的应纳税额计算公式为：

应纳税额=应纳税所得额×适用税率=每次收入额×20%

| 范例解析 | 计算股息所得的个人所得税应纳税额

燕某2021年1月初，买入某上市公司股票，2021年7月初，持有该股票6个月，从该上市公司取得股息收入16 000.00元，那么，该股息所得对应需要缴纳的个人所得税是多少呢？

由于燕某持股6个月，且取得的是上市公司股票，因此股息收入暂减按50%计入个人所得税的应纳税所得额。

股息所得应纳税额=16 000.00×50%×20%=1 600.00（元）

（6）偶然所得的应纳税额

偶然所得的应纳税额计算公式为：

应纳税额 = 应纳税所得额 × 适用税率 = 每次收入额 × 20%

| 范例解析 | 计算偶然所得的个人所得税应纳税额

2021年12月，汪某购买体彩，中奖3.00万元，该偶然所得应按照规定全额计缴个人所得税。

应纳税额=30 000.00×20%=6 000.00（元）

一般来说，纳税人购买彩票获得收入时需要缴纳的个人所得税，由彩票售卖方代收代缴。

第④章

其他税种的财税核算处理

要想成为合格的财会人员，仅仅只掌握增值税、消费税、企业所得税和个人所得税等税种的财税处理还不够，其他税种的财税核算工作也要了解，甚至掌握。这些税种虽然在日常经营活动中涉及并不频繁，但是难免会出现需要缴纳的时候，因此，掌握其核算处理很有必要。

4.1 关税涉及的财税核算工作

关税是由政府所设置的海关向其引进出口商征收的税收。关税在各国通常都属于国家最高行政单位指定税率的高级税种，对于对外贸易发达的国家来说，关税往往是国家税收乃至国家财政的主要收入。

政府既可以对进口商品征收关税，也可以对出口商品征收关税，但进口关税一般更重要，是主要的贸易措施。因此，关税的财税处理工作也不容小觑。

4.1.1 核算关税要重点确定完税价格

关税的课税对象是进出境的货物、物品，凡准予进出口的货物，除国家另有规定的外，均应由海关征收进口关税或出口关税。而且，对从境外采购进口的原产于中国境内的货物，也应按规定征收进口关税。

不同课税对象对应的纳税人不同，贸易性商品的纳税人是经营进出口货物的收、发货人，具体包括下列三类：

①外贸进出口公司。

②工贸或农贸结合的进出口公司。

③其他经批准进出口商品的企业。

而物品的纳税人主要包括下列所示的四类人群：

①入境旅客随身携带的行李、物品的持有人。

②各种运输工具上入境时携带自用物品的服务人员。

③馈赠物品以及其他方式入境个人物品的所有人。

④个人邮递物品的收件人。

我国对进出口货物征收关税，主要采取从价计征办法，以商品价格为标准征收，因此，关税主要以进出口货物的完税价格为计税依据。注意，进口货物的完税价格与出口货物的完税价格的确定是不一样的。

（1）进口货物的完税价格

进口货物完税价格的确定也要区分情况。

◆　一般贸易项下进口的货物的完税价格。

一般贸易项下进口的货物，以海关审定的成交价格为基础的到岸价格作为完税价格。这里的"成交价格"是指一般贸易项下进口货物的买方，为购买该项货物向卖方实际支付或应当支付的价格。

注意，在货物成交过程中，进口人在成交价格外另支付给卖方的佣金，应计入成交价格；但向境外采购代理人支付的买方佣金不能计入成交价格，所以，如果买方佣金已经包括在成交价格中，应予以扣除后确认实际的成交价格。另外，卖方支付给进口人的正常回扣，应从成交价格中扣除，换句话说，卖方支付给进口人的正常回扣不能计入成交价格。

"到岸价格"指包括货价以及货物运抵我国关境内输入地点起卸前的包装费、运费、保险费和其他劳务费等费用构成的一种价格。另外还应包括为了在境内生产、制造、使用或出版、发行，而向境外支付的与该进口货物有关的专利、商标、著作权，以及专有技术、计算机软件和资料等费用。

| 范例解析 |　一般贸易项下的进口货物完税价格计算

国内某公司从国外购进丰田皇冠汽车8辆，经海关审定的成交价格合计为96 000.00美元，在运抵我国关境内输入地点起卸前的运费共5 000.00美元，保险费共计800.00美元。入境当天外汇折算价为1.00美元≈6.3725人民币，则该批小汽车的完税价格是多少呢？

根据规定，一般贸易项下进口的货物，以海关审定的成交价格为基础的到岸价格为完税价格，而到岸价格包括货价以及货物运抵我国关境内输入地点起卸前的包装费、运费和保险费等费用。

完税价格＝（96 000.00+5 000.00+800.00）×6.372 5=648 720.50（元）

案例中，"96 000.00+5 000.00+800.00"表示的是以美元为计量单位的到岸价格，乘以汇率6.372 5，就可以得到以人民币为计量单位的到岸价格，即完税价格。

如果进口货物的到岸价格不能确定，为了避免低报、瞒报价格偷逃关税，海关应本着公正、合理原则，按照规定估定完税价格。

◆ 特殊贸易下进口货物的完税价格。

对于一些特殊、灵活的贸易方式（如寄售）下进口的货物，在进口时没有"成交价格"可作为依据，此时，《中华人民共和国进出口关税条例》对这些进口货物制定了确定其完税价格的方法。具体内容见表 4-1。

表 4-1　特殊贸易下进口货物的完税价格

特殊贸易	完税价格
运往境外加工的货物	出境时已向海关报明，并在海关规定期限内复运进境的，以加工后货物进境时的到岸价格与原出境货物价格的差额，作为完税价格；如果无法确定原出境货物的到岸价格，可用与原出境货物相同或类似货物的进境时的到岸价格，或者用原出境货物申报出境时的离岸价格代替 如果上述两种方法都不可行，则可用原出境货物在境外支付的工缴费加上运抵中国关境输入地点起卸前的包装费、运费、保险费和其他劳务费等之和作为完税价格
运往境外修理的机械器具、运输工具或其他货物	出境时已向海关报明，并在海关规定期限内复运进境的，以经海关审定的修理费和料件费作为完税价格
以租赁方式进口的货物	以海关审查确定的该货物的租金作为完税价格
对于国内单位留购的进口货样、展览品和广告陈列品	以留购价格作为完税价格
逾期未出境的暂进口货物	对于经海关批准暂时进口的施工机械、工程车辆、供安装使用的仪器和工具、电视或电影设置机械，以及盛装货物的容器等，若入境超过半年仍留在国内使用，应从第 7 个月起，按月征收进口关税，其完税价格按原货进口时的到岸价格确定：每月关税 = 货物原到岸价格 × 关税税率 × 1 ÷ 48
转让出售进口减免税货物	按照特定减免税办法批准予以减免税进口的货物，在转让或出售而需要补税时，可按这些货物原进口时的到岸价格确定其完税价格：完税价格 = 原入境到岸价格 ×[1- 实际使用月份 ÷（管理年限 ×12）]

（2）出口货物

出口货物应以海关审定的货物售予境外的离岸价格，扣除出口关税后，余额作为完税价格。相关计算公式为：

$$出口货物完税价格=离岸价格÷（1+出口税率）$$

上述计算公式由概念推导而来。

$$出口货物完税价格=离岸价格-关税=离岸价格-出口货物完税价格×$$
出口税率

将等式右边的"出口货物完税价格 × 出口税率"移动到等式左边：

$$出口货物完税价格×（1+出口税率）=离岸价格$$

再将等式左边的"1+ 出口税率"移动到等式右边，就可得到：出口货物完税价格 = 离岸价格 ÷（1+ 出口税率）。

在上述公式中，离岸价格应以该项货物运离关境前的最后一个口岸的离岸价格为实际离岸价格。如果该项货物从内地起运，则从内地口岸至最后出境口岸所支付的国内段运输费用应予以扣除。

注意，离岸价格不包括装船以后发生的费用。出口货物在成交价格以外支付给国外的佣金应予以扣除，但未单独列明的不予扣除。换句话说，出口商的出口货物成交价格中不包括支付给国外的佣金，如果包括了，要从成交价格中扣除，以确定实际的成交价格。

出口货物在成交价格以外，买方还另行支付的货物包装费，应计入成交价格。

当离岸价格不能确定时，完税价格由海关估定。

| 范例解析 |　计算出口货物的关税完税价格

某外贸公司从广州出口合金生铁一批，申报出口量为80吨，经海关审定的成交价为98.00美元/吨，出口当日的外汇牌价的中间价为1：6.372 5。假定合金生铁的出口税率为10%，计算该批合金生铁的关税完税价格。

人民币为计量单位的离岸价格=80×98.00×6.372 5=49 960.40（元）

出口货物完税价格=49 960.40÷（1+10%）=45 418.55（元）

4.1.2　核算企业需要缴纳的关税税额

关税的税目、税率都由《海关进出口税则》规定，包括三个主要部分：归类总规则、进口税率表和出口税率表。其中，归类总规则是进出口货物分类的具有法律效力的原则和方法。

所以，关税税率分为进口税率和出口税率。在我国，很多出口贸易都已经享受了减免税的税收优惠政策，所以使用较多的是进口税率。

进口税率又分为普通税率、最惠国税率、协定税率和特惠税率等，进口货物适用哪种关税税率，是以进口货物的原产地为标准的。具体见表4-2。

表4-2　进口税率的说明

税率类型	说　　明
普通税率	对原产于未与我国共同适用最惠国条款的世界贸易组织成员，未与我国订有相互给予最惠国待遇、关税优惠条款贸易协定和特殊关税优惠条款贸易协定的国家或地区的进口货物，以及原产地不明的货物，按照普通税率征税
最惠国税率	对原产于与我国共同适用最惠国条款的世界贸易组织成员的进口货物，原产于与我国签订含有相互给予最惠国待遇的双边贸易协定的国家或地区的进口货物，以及原产于我国的进口货物，按照最惠国税率征税
协定税率	对原产于与我国签订含有关税优惠条款的区域性贸易协定的国家或地区的进口货物，按协定税率征税
特惠税率	对原产于与我国签订含有特殊关税优惠条款的贸易协定的国家或地区的进口货物，按特惠税率征税

续表

税率类型	说　明
关税配额税率	指关税配额限度内的税率。关税配额是进口国限制进口货物数量的措施，把征收关税和进口配额相结合，以限制进口。对于在配额内进口的货物，可以适用较低的关税配额税率；对于配额之外的，则适用较高税率
暂定税率	是在最惠国税率的基础上，对于一些国内需要降低进口关税的货物，以及出于国际双边关系的考虑而需要个别安排的进口货物，可以实行暂定税率

进出口货物应按照《海关进出口税则》规定的归类原则归入合适的税号，按照适用的税率征税。具体可进入海关总署的官网进行关税税率的查询。

在计算关税的应纳税额时，有四种不同的方法。每种方法适用的交易范围不同。

（1）从价税计算方法

从价税是最普遍的关税计征方法，以进口货物的完税价格作为计税依据，计算公式为：

$$应纳税额=应税进口货物数量\times 单位完税价格\times 适用税率$$

| 范例解析 | **从价计征关税的应纳税额计算**

国内某公司从国外购进丰田皇冠汽车8辆，经海关审定的成交价格合计为96 000.00美元，在运抵我国关境内输入地点起卸前的运费共5 000.00美元，保险费共计800.00美元。入境当天外汇折算价为1.00美元≈6.372 5元人民币，已知该批小汽车适用最惠国税率25%，则该批小汽车的完税价格是多少呢？

完税价格=（96 000.00+5 000.00+800.00）×6.372 5=648 720.50（元）

关税应纳税额=648 720.50×25%=162 180.13（元）

（2）从量税计算方法

从量税是以进口商品的数量为计税依据的一种关税计征方法，计算公式为：

$$应纳税额 = 应税进口货物数量 \times 关税单位税额$$

| 范例解析 |　从量计征关税的应纳税额计算

国内某公司从国外购进一批彩色胶卷，共50 000卷，经海关审定的成交价格为10.00美元/卷，进口当日的外汇折算价为1∶6.372 5。已知该批胶卷一卷=0.0577 5平方米，确定其税则归类后，适用最惠国税率为22.00元/平方米。计算该批进口胶卷应缴纳多少关税。

①确定进口数量。

50 000 × 0.0577 5=2 887.5（平方米）

②计算关税应纳税额。

关税应纳税额=2 887.5 × 22.00=63 525.00（元）

（3）复合税计算方法

复合税是对某种进口货物同时使用从价和从量计征的一种关税计征方法。计算公式为：

$$应纳税额=应税进口货物数量 \times 关税单位税额+应税进口货物数量 \times 单位完税价格 \times 适用税率$$

由于这种方法就是前两种方法的结合使用，因此不再详细举例说明。

（4）滑准税计算方法

滑准税是指关税的税率随着进口商品价格的变动而反向变动的一种税率形式，即价格越高，税率越低；税率为比例税率。

由此可见，对实行滑准税率的进口商品，关税应纳税额的计算方法与从价税的计算方法相同。

4.2 与房屋土地有关的税种核算处理

房屋、土地都属于不动产，要想使用通常都需要缴纳相应的税费。而且对于企业来说，购置办公楼、厂房等，都可能是生产经营所需要的，因此，难免会涉及与房屋、土地有关的税费的计缴。这类税的计税依据通常较大，相应地，税额就会比较高，所以纳税人需要认真掌握核算处理工作。

4.2.1 使用房屋需要缴纳房产税

房产税是向产权所有人征收的一种财产税，要么以房屋的计税余值为计税依据，要么以租金收入为计税依据。只要产权所有人仍在使用房产，每年都需要缴纳房产税。

（1）从价计征

从价计征房产税，其计税依据为房产余值，即房产原值一次性减去10% ~ 30% 后的余值。具体的扣除幅度由省、自治区、直辖市人民政府确定。

从价计征适用比例税率1.2%，应纳税额的计算公式为：

$$应纳税额 = 房产原值 \times （1 - 扣除比例） \times 1.2\%$$

注意，上述计算公式中的"房产原值"是不扣减折旧额的原值。

| 范例解析 |　从价计征房产税的应纳税额计算

某公司拥有的一幢房产，原值为120.00万元，已知房产税税率为1.2%，当地规定的房产税扣除比例为20%，计算该房产年度应缴纳多少房产税税额。

房产税应纳税额 = 1 200 000.00 ×（1 - 20%）× 1.2% = 11 520.00（元）

在核算当年应缴纳的房产税时，编制如下会计分录。

借：税金及附加 11 520.00

　　贷：应交税费——应交房产税 11 520.00

实际缴纳房产税税款时，编制如下会计分录。

借：应交税费——应交房产税　　　　　　　　　11 520.00

　　贷：银行存款　　　　　　　　　　　　　　　　11 520.00

注意，房产税实行按年计算、分期缴纳的征收方法，因此，实务中不会一次性缴纳所有房产税税费，即第二个会计分录的金额要按照分期缴纳计算出的税额确定。

（2）从租计征

从租计征房产税，以房产租金收入为计税依据。从租计征也适用比例税率，但税率为12%。应纳税额的计算公式为：

$$应纳税额=房产租金收入 \times 12\%$$

| 范例解析 |　从租计征房产税的应纳税额计算

某公司拥有一间商铺，该商铺的房产原值为300.00万元。2021年1月初，该公司将商铺用于出租，每月收取租金6 000.00元。该公司2021年需要缴纳多少房产税呢？

房产税应纳税额=6 000.00×12×12%=8 640.00（元）

如果同一房产同时用于两个用途，则需要按照房产的实际用途分开计算房产税的应纳税额。

| 范例解析 |　"一房两用"房产税的应纳税额计算

某公司拥有一间商铺，该商铺的房产原值为300.00万元，用于生产经营。2021年8月初，该公司将商铺的一半用于出租，每月收取租金3 000.00元。当地政府规定房产扣除比例为30%，该公司2021年就该商铺需要缴纳多少房产税呢？

从价计征的房产税税额=3 000 000.00×（1-30%）×1.2%×7÷12+3 000 000.00×（1-30%）×50%×1.2%×5÷12=19 950.00（元）

从租计征的房产税税额=3 000.00×5×12%=1 800.00（元）

房产税应纳税额合计=19 950.00+1 800.00=21 750.00（元）

在该案例的计算过程中，从价计征部分"3 000 000.00×（1−30%）×1.2%×7÷12"表示 2021 年前 7 个月按照房产余值的全部，计缴房产税；"3 000 000.00×（1−30%）×50%×1.2%×5÷12"表示 2021 年后五个月按照房产余值的一半，计缴房产税。

而从租计征部分，就直接以五个月的租金收入，乘以适用税率，即算出从租计征房产税的应纳税额。

4.2.2　房屋土地承受者需要核算缴纳契税

契税是对不动产的新业主，即产权承受人征收的一次性税收，换句话说，契税只在土地、房屋等不动产产权发生转移变动时才征收。

契税有其自身的三个显著特征，内容如下：

◆ 征收契税的宗旨是为了保障不动产所有人的合法权益。因为通过征税，契税征收机关会以政府名义发放不动产权证，作为合法的产权凭证，政府就承担保证产权的责任，所以契税又带有规费性质。

◆ 纳税人是产权承受人。

◆ 契税采用比例税率。

契税实行 3% ~ 5% 的幅度税率，具体税率由各省、自治区、直辖市人民政府在幅度税率规定范围内，按照本地区实际情况确定。

在我国，按照土地、房屋权属转移的形式、定价方法的不同，契税的计税依据不同，见表 4−3。

表 4−3　契税的计税依据

权属转移形式与定价方法	说　　明
国有土地使用权出让、土地使用权出售、房屋买卖	以成交价格作为计税依据。成交价格指土地、房屋权属转移合同确定的价格，包括承受人应支付的货币、实物、无形资产或其他经济利益，不包括增值税

权属转移形式与定价方法	说　明
土地使用权赠予、房屋赠予	由征收机关参照土地使用权出售、房屋买卖的市场价格核定
土地使用权交换、房屋交换	以交换土地使用权、房屋的价格差额作为计税依据，却由多交付货币、实物、无形资产或其他经济利益的一方缴纳契税。交换价格相等的，免征契税
以划拨方式取得土地使用权	经批准转让房地产时应补缴的契税，以补交的土地使用权出让费用或土地收益作为计税依据。注意，划拨时不缴纳契税，只在补交相关费用时征收

为了防止纳税人隐瞒、虚报成交价格，以偷逃税款，对成交价格明显低于市场价格而无正当理由的，或所交换的土地使用权、房屋价格的差额明显不合理且无正当理由的，契税征收机关参照市场价格核定计税依据。

契税的应纳税额依照省、自治区、直辖市人民政府确定的适用税率和税法规定的计税依据，计算征收，相关计算公式为：

$$应纳税额 = 计税依据 \times 适用税率$$

| 范例解析 | 承受房屋所有权需要计缴契税

某公司2021年12月获得外单位赠送的一套房屋，之后又将该房屋与乙公司拥有的一套房屋进行交换。经房地产评估机构评估，该公司受赠房屋价值为45.00万元，乙公司用于交换的房屋价值为52.00万元。双方协商后，公司实际向乙公司支付房屋交换价格差额7.00万元。税务机关核定公司受赠的房屋价值为42.00万元。已知当地规定的契税税率为5%，计算该公司应缴纳多少契税。

分析：公司通过捐赠方式取得房屋权属的，应视同房屋赠予，按规定征收契税，计税依据为税务机关参照市场价格核定的价格，这里为42.00万元。房屋交换且交换价格不相等，应由多支付货币、实物、无形资产或其他经济利益的一方缴纳契税，这里由受赠公司缴纳，且计税依据为房屋价格的差额，即10.00万元（52.00-42.00）。

受赠获得房屋需要缴纳契税=420 000.00×5%=21 000.00（元）

交换房屋需要缴纳契税=100 000.00×5%=5 000.00（元）

公司总共缴纳契税=21 000.00+5 000.00=26 000.00（元）

①当公司受赠获得房屋时，缴纳的契税直接计入受赠房屋的价值，不单独列示。

房屋入账价值=450 000.00+21 000.00=471 000.00（元）

借：固定资产——房屋　　　　　　　　　　471 000.00

　　贷：营业外收入——捐赠收入　　　　　　471 000.00

②同理，房屋交换过程中，实际缴纳的契税也直接计入房屋的价值，不单独列示。

换入房屋的入账价值=520 000.00+5 000.00=525 000.00（元）

借：固定资产——房屋　　　　　　　　　　525 000.00

　　贷：固定资产——房屋　　　　　　　　　450 000.00

　　　　银行存款　　　　　　　　　　　　　 75 000.00

在该案例中，由于受赠房屋由税务机关核定价值，因此在计算接受赠予房屋时需要缴纳的契税时，要以税务机关核定的价格 42.00 万元计算。但是，公司在核定房屋的入账价值时，要以房地产评估机构评估的 45.00 万元计算。在第二个会计分录中，银行存款包括支付的价格差额 7.00 万元和需要缴纳的契税 5 000.00 元。

4.2.3　土地增值税的财税核算

土地增值税要以转让房地产所取得的增值额为课税对象，征收税款。也就是说，如果转让房地产没有产生增值额，就不需要缴纳土地增值税。

关于土地增值税的征税范围，有以下规定：

◆ 土地增值税只对转让国有土地使用权的行为征税，对出让国有土地的行为不征税。

◆ 土地增值税既对转让国有土地使用权的行为征税，也对转让地上建筑物及其他附着物产权的行为征税。

◆ 土地增值税只对有偿转让的房地产征税，对以继承、赠予等方式无偿转让的房地产，不予征税。

其中，房地产赠与行为不征土地增值税的情况有两种，一是房产所有人、土地使用权所有人将房屋产权、土地使用权赠予直系亲属或承担直接赡养义务人的行为；二是房产所有人、土地使用权所有人通过中国境内非营利社会团体、国家机关，将房屋产权、土地使用权赠予教育、民政和其他社会福利、公益事业的行为。

知识延伸 | 转让国有土地使用权和出让国有土地的行为

转让国有土地使用权一般是指群众将国有土地使用权转让给其他群众；出让国有土地的行为是指国家将国有土地使用权出让给群众。

国有土地使用权指土地使用人根据国家法律、合同等规定，对国家所有的土地享有的使用权利。注意，未经国家征用的集体土地不得转让，自行转让集体土地是一种违法行为。

土地增值税实行四级超率累进税率，见表4-4。

表4-4　土地增值税税率表

级数	增值额与扣除项目金额的比率	税率	速算扣除系数（%）
1	不超过50%的部分	30	0
2	超过50%至100%的部分	40	5
3	超过100%至200%的部分	50	15
4	超过200%的部分	60	35

土地增值税应纳税额的计算公式为：

$$应纳税额 = \sum（每级距的增值额 \times 适用税率）$$

当企业转让房地产所取得的增值额较大时，采取上述计算公式计算应缴纳的土地增值税会比较复杂，因此实务中常常直接借助速算扣除系数来计算。

①增值额未超过扣除项目金额 50%。

土地增值税应纳税额＝增值额×30%

②增值额超过扣除项目金额 50%，未超过 100%。

土地增值税应纳税额＝增值额×40%-扣除项目金额×5%

③增值额超过扣除项目金额 100%，未超过 200%。

土地增值税应纳税额＝增值额×50%-扣除项目金额×15%

④增值额超过扣除项目金额 200%。

土地增值税应纳税额＝增值额×60%-扣除项目金额×35%

从上述计算公式可以看出，在核算土地增值税应纳税额时，重点要确定增值额和扣除项目金额，而增值额又要通过扣除项目金额来计算。

增值额＝房地产转让收入－扣除项目金额

根据《中华人民共和国土地增值税暂行条例》的规定，准予纳税人从房地产转让收入额减除的扣除项目金额包括五类，见表 4-5。

表 4-5　土地增值税的扣除项目金额

扣除项目金额	说　　明
取得土地使用权所支付的金额	包括两个部分，一是纳税人为取得土地使用权所支付的地价款；二是纳税人在取得土地使用权时按国家统一规定缴纳的有关费用和税金，主要是指手续费和契税 　　如果是以协议、招标、拍卖等出让方式取得土地使用权的，地价款为纳税人支付的土地出让金；如果是以行政划拨方式取得土地使用权的，地价款为按照国家有关规定补交的土地出让金；如果是以转让方式取得土地使用权的，地价款为向原土地使用权人实际支付的地价款

扣除项目金额	说　明
房地产开发成本	指纳税人开发房地产项目实际发生的成本，包括土地征用及拆迁补偿费、前期工程费、建筑安装工程费、基础设施费、公共配套设施费、开发间接费用等
房地产开发费用	指与房地产开发项目有关的销售费用、管理费用和财务费用 ①财务费用中的利息支出，凡是能按转让房地产项目计算分摊并提供金融机构证明的，允许据实扣除，但最高不能超过按商业银行同类同期贷款利率计算的金额；其他房地产开发费用，按规定（即取得土地使用权所支付的金额和房地产开发成本）计算的金额之和的 5% 以内计算扣除，即允许扣除的房地产开发费用 = 利息支出 +（取得土地使用权所支付的金额 + 房地产开发成本）×5% ②财务费用中的利息支出，凡是不能按转让房地产项目计算分摊支出，或不能提供金融机构证明的，房地产开发费用按规定（即取得土地使用权所支付的金额和房地产开发成本）计算的金额之和的 10% 以内计算扣除，即允许扣除的房地产开发费用 =（取得土地使用权所支付的金额 + 房地产开发成本）×10%
与转让房地产有关的税金	指在转让房地产时缴纳的城市维护建设税、印花税和教育费附加等。另外，土地增值税扣除项目涉及的增值税进项税额，不允许在销项税额中计算抵扣的，也可以计入该扣除项目；但是，允许在销项税额中计算抵扣的，就不能计入该扣除项目
财政部确定的其他扣除项目	对从事房地产开发的纳税人，可按规定计算的金额之和，加计 20% 的扣除。只适用于从事房地产开发的纳税人，其他纳税人不适用

| 范例解析 |　企业开发并销售住房应缴纳的土地增值税

　　2021年，某国有商业企业利用库房空地进行住宅商品房开发，按照国家有关规定补交土地出让金3 250.00万元，缴纳相关税费162.50万元。已知住宅开发成本为3 100.00万元，开发费用中包括可以提供金融机构证明的利息支出300.00万元。当年住宅全部销售完毕，取得不含增值税销售收入共

1.05亿元，缴纳城市维护建设税和教育费附加等共94.50万元，缴纳印花税3.15万元。计算该企业销售住宅应缴纳的土地增值税税。

分析：由于该企业在开发住宅商品房时，财务费用中的利息支出能提供金融机构证明，因此，房地产开发费用的计算扣除比例为5%。

①确定转让房地产的扣除项目金额。

取得土地使用权所支付的金额=3 250.00+162.50=3 412.50（万元）

房地产开发成本=3 100.00（万元）

房地产开发费用=300.00+（3 412.50+3 100.00）×5%=625.63（万元）

与转让房地产有关的税金=94.50+3.15=97.65（万元）

转让房地产的扣除项目金额=3 412.50+3 100.00+625.63+97.65

$$=7\ 235.78（万元）$$

②确定转让房地产的增值额。

增值额=10 500.00-7 235.78=3 264.22（万元）

③增值额与扣除项目金额的比率=3 264.22÷7 235.78×100%=45.11%

增值额未超过扣除项目金额的50%，所以适用税率为30%，速算扣除系数为0%。

④计算土地增值税应纳税额。

土地增值税应纳税额=3 264.22×30%-7 235.78×0%=979.27（万元）

核算需要缴纳的土地增值税时，编制以下会计分录：

借：税金及附加　　　　　　　　　　9 792 700.00
　　贷：应交税费——应交土地增值税　　　　9 792 700.00

实际缴纳税款时，编制如下会计分录：

借：应交税费——应交土地增值税　　9 792 700.00
　　贷：银行存款　　　　　　　　　　　　9 792 700.00

4.2.4　占用应税土地核算应交的城镇土地使用税

在本书的第 1 章已经简单介绍过什么是城镇土地使用税，征税范围是哪些土地等。这里直接学习城镇土地使用税的税率以及应纳税额的计算。

城镇土地使用税采用定额税率，按大、中小城市和县城、建制镇、工矿区分别规定每平方米城镇土地使用税年应纳税额。而大、中、小城市以公安部门登记在册的非农业正式户口人数为依据，人口在 50 万以上的为大城市，人口在 20 ～ 50 万之间的为中等城市，人口在 20 万以下的为小城市。

◆ 大城市：每平方米年税额 1.5 ～ 30 元。

◆ 中等城市：每平方米年税额 1.2 ～ 24 元。

◆ 小城市：每平方米年税额 0.9 ～ 18 万元。

◆ 县城、建制镇、工矿区：每平方米年税额 0.6 ～ 12 元。

城镇土地使用税的应纳税额计算公式为：

年应纳税额=实际占用应税土地面积（平方米）×适用税额

| 范例解析 |　计算公司占用土地经营需要缴纳的城镇土地使用税

某公司实际占用土地面积20 000平方米，经税务机关核定，该公司所在地适用城镇土地使用税税率为每平方米年税额2.50元。计算该公司全年应缴纳多少城镇土地使用税。

城镇土地使用税应纳税额=20 000×2.50=50 000.00（元）

①核算需要缴纳的城镇土地使用税时，编制以下会计分录：

借：税金及附加　　　　　　　　　　　　　　　　50 000.00

　　贷：应交税费——应交城镇土地使用税　　　　　　　50 000.00

②实际缴纳税款时，编制以下会计分录：

借：应交税费——应交城镇土地使用税　　　　　　50 000.00

　　贷：银行存款　　　　　　　　　　　　　　　　　50 000.00

由于城镇土地使用税按年计算、分期缴纳，因此，上述案例中的公司在实际缴纳城镇土地使用税款时，第二个会计分录会分几期编制，对应各期的实际缴纳税款的数额。

4.2.5　占用耕地进行非农业活动需计缴耕地占用税

国家为了合理利用土地资源，加强土地管理，保护耕地，对占用耕地建房或从事非农业建设的单位或个人征收耕地占用税。换言之，如果单位和个人占用耕地从事农业建设，则不需要缴纳耕地占用税。

这里的耕地是指用于种植农作物的土地。

占用园地、林地、草地、农田水利用地、养殖水面以及养殖滩涂等其他农用地，建房或从事非农业建设的，也要征收耕地占用税，适用税额可适当低于当地占用耕地的适用税额。这些征税范围具体内容见表 4-6。

表 4-6　耕地占用税的征税范围

耕地范围	说　　明
园地	包括果园、茶园和其他园地
林地	包括林地、灌木林地、疏林地、未成林地、迹地和苗圃等，不包括居民点内部的绿化林木用地、铁路和公路征地范围内的林木用地，以及河流、沟渠的护堤林用地
农田水利用地	包括农田排灌沟渠及相应附属设施用地
养殖水面	包括人工开挖或天然形成的用于水产养殖的河流水面、湖泊水面、水库水面、坑塘水面及相应附属设施用地
养殖滩涂	包括专门用于种植或养殖水生动植物的海水潮浸地带和滩地

单位或个人建设直接为农业生产服务的生产设施占用上述规定的农用地的，不征收耕地占用税。

耕地占用税实行定额税率，根据不同地区的人均耕地面积和经济发展情况，实行有地区差别的幅度税额标准，内容如下：

◆ **人均耕地不超过 1 亩的地区**（以县级行政区为单位，下同）：*每*

平方米为 10 ~ 50 元。

- ◆ **人均耕地超过 1 亩但不超过 2 亩的地区**：每平方米 8 ~ 40 元。

- ◆ **人均耕地超过 2 亩但不超过 3 亩的地区**：每平方米 6 ~ 30 元。

- ◆ **人均耕地超过 3 亩的地区**：每平方米 5 ~ 25 元。

国务院根据人均耕地面积和经济发展情况，规定各省、自治区、直辖市耕地占用税的平均税额，具体可参考《中华人民共和国耕地占用税法》的规定。各省、自治区、直辖市耕地占用税适用税额的平均水平不得低于国务院规定的本地区平均税额。

经济特区、经济技术开发区和经济发达且人均耕地特别少的地区，适用税额可适当提高，但提高的部分最高不得超过国务院规定的当地适用税额的 50%。

占用基本农田的，适用税额应在国务院规定的当地适用税额的基础上提高 50%；占用基本农田以外的优质耕地的，适用税额可以适当提高，但提高的部分最高不得超过国务院规定的当地适用税额的 50%。

耕地占用税要以单位或个人生产经营时实际占用的耕地面积为计税依据，按照规定的适用税额一次性征收。应纳税额的计算公式为：

年应纳税额 = 实际占用耕地面积（平方米）× 适用税额

| **范例解析** | 计算开发住宅社区需要缴纳的耕地占用税

2021年7月，某公司开发住宅社区，经批准占用耕地150 000平方米，其中，900平方米用于兴建幼儿园，7 000平方米修建小学学校。已知当地耕地占用税适用税率为23.00元/平方米。则该公司开发住宅社区占用耕地需要缴纳多少耕地占用税。

需征收耕地占用税的耕地面积=150 000−900−7 000=142 100（平方米）

耕地占用税应纳税额=142 100×23.00=3 268 300.00（元）

该案例中，虽然公司开发住宅社区实际共占用耕地 150 000 平方米，但是用于建设幼儿园和学校的耕地，免征耕地占用税，这是耕地占用税的税收优惠政策。所以，在计算耕地占用税应纳税额时，计税依据要扣除900平方米和7 000平方米。

另外，企业发生的耕地占用税，通常在获得耕地时，一并通过"无形资产"或"开发支出"科目核算，不通过"税金及附加"科目核算。涉及的会计分录如下：

借：无形资产/开发支出等（包括耕地占用税）

　　贷：银行存款

4.3　与车船及合同有关的税种核算处理

在我国，与车船相关的税种包括车辆购置税和车船税。与合同以及相关证照有关的税种是印花税。很显然，这些税种在企业生产经营过程中很可能出现，因此就需要企业缴纳相应税费，也要掌握其应纳税额的财税核算。

4.3.1　购置应税车辆需要计缴车辆购置税

在我国境内购置规定的车辆（即应税车辆）的单位和个人，是车辆购置税的纳税人。这里所说的购置，包括购买、进口、自产、受赠、获奖或以其他方式取得并自用应税车辆的行为。

根据《中华人民共和国车辆购置税法》的规定，车辆购置税的征税范围包括汽车、有轨电车、汽车挂车以及排气量超过150毫升的摩托车。

车辆购置税的应纳税额按照应税车辆的计税价格乘以税率计算，用下列公式表示：

$$应纳税额=计税依据×适用税率$$

$$进口应税车辆应纳税额=（关税完税价格+关税+消费税）×税率$$

虽然所有的应税车辆计税依据都是计税价格，但不同情形下购置的应税车辆，其计税价格的确定方法不同。

◆ **纳税人购买自用应税车辆的计税价格：**为纳税人实际支付给销售者的全部价款，包括向购买方收取的基金、违约金和手续费、包装费、储存费以及运输装卸费等价外费用，但不包括增值税税额。

◆ **纳税人进口自用应税车辆的计税价格：**为关税完税价格加上关税和消费税。

◆ **纳税人自产自用应税车辆的计税价格：**按照纳税人生产同类应税车辆的销售价格确定，不包括增值税税款。

◆ **纳税人以受赠、获奖或其他方式取得自用应税车辆的计税价格：**按照购置应税车辆时相关凭证载明的价格确定，不包括增值税税款。有时也由主管税务机关参照国家税务总局规定的最低计税价格核定。

纳税人购买自用或进口自用应税车辆，申报的计税价格低于同类型应税车辆的最低计税价格，又无正当理由的，计税价格为国家税务总局核定的最低计税价格。国家税务总局未核定最低计税价格的车辆，计税价格为纳税人提供的有效价格证明注明的价格；有效价格证明注明的价格明显偏低的，主管税务机关有权核定应税车辆的计税价格。

车辆购置税实行固定比例税率为 10%。

| 范例解析 | 计算购买应税车辆需要缴纳的车辆购置税

2021年1月，某公司外购一辆自用小汽车，价格为30.00万元（不含增值税），则该公司需要缴纳多少车辆购置税。

车辆购置税年应纳税额=300 000.00×10%=30 000.00（元）

企业发生车辆购置税时，在购买车辆时一并缴纳，且不单独核算，一起计入车辆的入账价值。需要编制的会计分录如下：

借：固定资产——汽车　　　　　　　　　　　330 000.00
　　贷：银行存款　　　　　　　　　　　　　　　　330 000.00

需要注意的是，车辆购置税实行一次征收制度，在购买车辆时一次缴清税款。

如果上述案例中公司是从境外购买的小汽车，且报关进口时缴纳关税 6.50 万元，缴纳消费税 12.08 万元，海关进口关税专用缴款书注明关税完税价格为 29.00 万元，则进口应税车辆自用需要缴纳的车辆购置税计算如下：

车辆购置税计税价格=290 000+65 000+120 800=475 800（元）

车辆购置税应纳税额=475 800.00×10%=47 580.00（元）

4.3.2　使用应税车船需要缴纳车船税

车船税即车船使用税，以车船为课征对象，向车辆和船舶的所有人或管理人征税。与车辆购置税一次性征收不同，车船税是只要还是应税车船的所有人或管理人，每年都需要缴税。

生活中，从事机动车第三者责任强制保险业务的保险机构，是机动车车船税的扣缴义务人，应当在收取保险费时依法代收车船税，并出具代收税款凭证。

车船税的征税范围主要包括以两大类：

◆ 依法应当在车船登记管理部门登记的机动车辆和船舶。

◆ 依法不需要在车船登记管理部门登记的在单位内部场所行使或者作业的机动车辆和船舶。

车船管理部门是指公安、交通运输、农业、渔业、军队、武装警察部队等依法具有车船登记管理职能的部门和船舶检验机构。

车船税采用定额税率，又称固定税额，根据《中华人民共和国车船税法》的规定，对应税车船实行有幅度的定额税率，即对各类车船分别规定一个最低到最高限度的年税额。

车船的具体适用税额由省、自治区、直辖市人民政府依照《中华人民共和国车船税法》所附《车船税税目税额表》规定的税额幅度和国务院的规定，确定并报国务院备案。

省、自治区、直辖市人民政府在确定车辆具体适用税额时，应遵循两个原则：一是乘用车依排气量从小到大递增税额；二是客车按照核定载客人数 20 人以下和 20 人（含）以上两档划分，递增税额见表 4-7。

表 4-7　车船税税目税额

税 目		计税单位	年基准税额（元）	备注
乘用车【按发动机气缸容量（排气量）】分档	1.0 升（含）以下	每辆	60 ～ 360	核定载客人数 9 人（含）以下
	1.0 升以上至 1.6 升（含）的		300 ～ 540	
	1.6 升以上至 2.0 升（含）的		360 ～ 660	
	2.0 升以上至 2.5 升（含）的		660 ～ 1 200	
	2.5 升以上至 3.0 升（含）的		1 200 ～ 2 400	
	3.0 升以上至 4.0 升（含）的		2 400 ～ 3 600	
	4.0 升以上的		3 600 ～ 5 400	
商用车	客车	每辆	480 ～ 1 440	
	货车	整备质量每吨	16 ～ 120	
挂车		整备质量每吨	按货车税额的 50% 计算	
其他车辆	专用作业车	整备质量每吨	16 ～ 120	
	轮式专用机械车		16 ～ 120	
摩托车		每辆	36 ～ 180	
船舶	机动船舶	净吨位每吨	3 ～ 6	
	游艇	艇身长度每米	600 ～ 2 000	

注意，上述表格中，客车是指核定载客人数 9 人以上的商用车，包括电车；货车包括半挂牵引车、三轮汽车和低速载货汽车等；其他车辆中的轮式专用机械车，不包括拖拉机；机动船舶中，拖船和非机动驳船分别按照机动船舶税额的 50% 计算车船税。

不同税目由于计税单位不同，因此计税依据就会不同，车船税应纳税额的计算公式也有差别，具体表示为：

乘用车、客车和摩托车的应纳税额＝辆数×适用年基准税额

货车、专用作业车和轮式专用机械车的应纳税额＝整备质量吨位数×适用年基准税额

挂车的应纳税额＝整备质量吨位数×适用年基准税额×50%

机动船舶的应纳税额＝净吨位数×适用年基准税额

拖船和非机动驳船的应纳税额＝净吨位数×适用年基准税额×50%

游艇的应纳税额＝艇身长度×适用年基准税额

| 范例解析 |　计算使用应税车辆需要缴纳的车船税

某公司2021年12月新购入一辆办公用乘用车，已知该乘用车发动机气缸容量为2.2升，适用年基准税额为780.00元，计算公司使用该汽车的2021年应缴纳车船税。

车船税年应纳税额＝1×780.00＝780.00（元）

由于2021年使用该车只有1个月，因此，2021年车船税应纳税额为65.00元（780.00÷12）。

①核算当月应缴纳的车船税。

借：税金及附加　　　　　　　　　　　　　　　　65.00

　　贷：应交税费——应交车船税　　　　　　　　　　65.00

②实际缴纳税款时，编制如下会计分录：

借：应交税费——应交车船税　　　　　　　　　　65.00

　　贷：银行存款　　　　　　　　　　　　　　　　65.00

车船税按年申报、分月计算，一次性缴纳。也就是说，企业发生车船税时，每个月都要按照当月需要缴纳的金额，编制上述案例所示的第一个会计分录，最后实际缴纳税款时，按照一年需要缴纳的车船税总额，编制上述案

例所示的第二个会计分录。

4.3.3 交易合同及证照凭证需要进行印花税财税处理

印花税的征收对象是一些规定的合同、证照以及账簿等，不同的税目对应的印花税税率是不同的。根据最新颁布的《中华人民共和国印花税法》的规定，印花税税目税率见表4-8。

表4-8 印花税税目税率

税 目		税 率	备 注
书面合同	借款合同	借款金额的0.05‰	指银行业金融机构、经国务院银行业监督管理机构批准设立的其他金融机构与借款人（不包括同业拆借）的借款合同
	融资租赁合同	租金的0.05‰	
	买卖合同	价款的0.3‰	指动产买卖合同（不包括个人书立的动产买卖合同）
	承揽合同	报酬的0.3‰	—
	建设工程合同	价款的0.3‰	—
	运输合同	运输费用的0.3‰	指货运合同和多式联运合同（不包括管道运输合同）
	技术合同	价款、报酬或使用费的0.3‰	不包括专利权、专有技术使用权转让书据
	租赁合同	租金的1‰	—
	保管合同	保管费的1‰	—
	仓储合同	仓储费的1‰	—
	财产保险合同	保险费的1‰	—

续表

税　　目		税　　率	备　　注
产权转移书据	土地使用权出让书据	价款的 0.5‰	转让包括买卖（出售）、继承、赠予、互换、分割
	土地使用权、房屋等建筑物和构筑物所有权转让书据（不包括土地承包经营权和土地经营权转移）	价款的 0.5‰	
	股权转让书据（不包括应缴纳证券交易印花税的）	价款的 0.5‰	
	商标专用权、著作权、专利权、专有技术使用权转让书据	价款的 0.3‰	
营业账簿		实收资本（股本）与资本公积合计金额的 0.25‰	—
证券交易		成交金额的 1‰	—

立合同人为合同的当事人，是合同的印花税纳税义务人；立账簿人是开立并使用营业账簿的单位和个人，是营业账簿的印花税纳税义务人；立据人是书立产权转移书据的单位和个人，是产权转移书据的印花税纳税义务人；领受人是领取并持有权利、许可证照的单位和个人，是权利许可证照的印花税纳税义务人。

印花税应纳税额的通用计算公式如下：

$$应纳税额 = 计税依据 \times 适用税率$$

从上述表格内容可知，不同的税目对应不同的计税依据，有的是借款金额，有的是价款或报酬，有的是租金，还有的是保管费或者仓储费等。各类应税税目的计税依据的确定也是关键点。

◆ **应税合同的计税依据**：为合同列明的价款或报酬，不包括增值税税款；合同中价款或报酬与增值税税款未分开列明的，按照合计金额确定。

◆ **应税产权转移书据的计税依据**：为产权转移书据列明的价款，不包括增值税税款；价款与增值税税款未分开列明的，按照合计金额确定。

◆ **应税营业账簿的计税依据**：为营业账簿记载的实收资本（股本）与资本公积合计金额。

◆ **证券交易的计税依据**：为成交金额。以非集中交易方式转让证券时，无转让价格的，按照办理过户登记手续前一个交易日收盘价计算确定计税依据；无收盘价的，按照证券面值计算确定计税依据。

| 范例解析 |　计算签订买卖合同需要缴纳的印花税

某公司2021年12月与外单位签订一份买卖合同，合同标明价款为25.00万元，增值税税款32 500.00元。计算公司针对该份合同需要缴纳的印花税税款有多少。

分析：买卖合同按照合同价款的0.3‰计缴印花税。

印花税应纳税额=250 000.00×0.3‰=75.00（元）

缴纳税款时，编制如下会计分录：

借：税金及附加　　　　　　　　　　　　　75.00

　　贷：银行存款　　　　　　　　　　　　　　75.00

注意，印花税直接在发生时缴纳，并通过"税金及附加"科目核算，而不需要通过"应交税费"科目进行核算。

4.4　其他特别税种的财税核算

除了第2、3章和本章介绍的这些税种外，18个税种中的其他特别税种，即资源税、环保税、烟叶税和船舶吨税，虽然只在特定行业或特殊经营情况下才会发生，但作为财会人员需要掌握这些税种的征税范围以及应纳税额的计算也是有必要的。

4.4.1　开发利用自然资源需要核算资源税

资源税的征税范围主要是矿产品和盐两大类，主要采用比例税率和定额税率两种形式。根据《中华人民共和国资源税法》的规定，资源税的税目税率情况见表 4-9。

表 4-9　资源税税目税率

税　　目			征税对象	税　　率
能源矿产	原油		原矿	6%
	天然气、页岩气、天然气水合物		原矿	6%
	煤		原矿或选矿	2% ～ 10%
	煤成（层）气		原矿	1% ～ 2%
	铀、钍		原矿	4%
	油页岩、油砂、天然沥青、石煤		原矿或选矿	1% ～ 4%
	地热		原矿	1% ～ 2% 或每立方米 1 ～ 30 元
金属矿产	黑色金属	铁、锰、铬、钒、钛	原矿或选矿	1% ～ 9%
	有色金属	铜、铅、锌、锡、镍、锑、镁、钴、铋、汞	原矿或选矿	2% ～ 10%
		铝土矿	原矿或选矿	2% ～ 9%
		钨	选矿	6.5%
		钼	选矿	8%
		金、银	原矿或选矿	2% ～ 6%
		铂、钯、钌、锇、铱、铑	原矿或选矿	5% ～ 10%
		轻稀土	选矿	7% ～ 12%
		中重稀土	选矿	20%
		铍、锂、锆、锶、铷、铯、铌、钽、锗、镓、铟、铊、铪、铼、镉、硒、碲	原矿或选矿	2% ～ 10%

续表

税　　目			征税对象	税　　率
非金属矿产	矿物类	高岭土	原矿或选矿	1% ～ 6%
		石灰岩	原矿或选矿	1% ～ 6% 或每吨（或每立方米）1 ～ 10 元
		磷	原矿或选矿	3% ～ 8%
		石墨	原矿或选矿	3% ～ 12%
		萤石、硫铁矿、自然硫	原矿或选矿	1% ～ 8%
		天然石英砂、脉石英、粉石英、水晶、工业用金刚石、冰洲石、蓝晶石、硅线石(矽线石)、长石、滑石、刚玉、菱镁矿、颜料矿物、天然碱、芒硝、钠硝石、明矾石、砷、硼、碘、溴、膨润土、硅藻土、陶瓷土、耐火黏土、铁矾土、凹凸棒石黏土、海泡石黏土、伊利石黏土、累托石黏土	原矿或选矿	1% ～ 12%
		叶蜡石、硅灰石、透辉石、珍珠岩、云母、沸石、重晶石、毒重石、方解石、蛭石、透闪石、工业用电气石、白垩、石棉、蓝石棉、红柱石、石榴子石、石膏	原矿或选矿	2% ～ 12%
		其他黏土(铸型用黏土、砖瓦用黏土、陶粒用黏土、水泥配料用黏土、水泥配料用红土、水泥配料用黄土、水泥配料用泥岩、保温材料用黏土)	原矿或选矿	1% ～ 5% 或每吨（或每立方米）0.1 ～ 5 元
		砂石	原矿或选矿	1% ～ 5% 或每吨（或每立方米）0.1 ～ 5 元

续表

税　目			征税对象	税　率
非金属矿产	岩石类	大理岩、花岗岩、白云岩、石英岩、砂岩、辉绿岩、安山岩、闪长岩、板岩、玄武岩、片麻岩、角闪岩、页岩、浮石、凝灰岩、黑曜岩、霞石正长岩、蛇纹岩、麦饭石、泥灰岩、含钾岩石、含钾砂页岩、天然油石、橄榄岩、松脂岩、粗面岩、辉长岩、辉石岩、正长岩、火山灰、火山渣、泥炭	原矿或选矿	1% ~ 10%
	宝玉石类	宝石、玉石、宝石级金刚石、玛瑙、黄玉、碧玺	原矿或选矿	4% ~ 20%
水气矿产	二氧化碳气、硫化氢气、氦气、氡气		原矿	2% ~ 5%
	矿泉水		原矿	1% ~ 20%或每立方米 1 ~ 30 元
	钠盐、钾盐、镁盐、锂盐		选矿	3% ~ 15%
	天然卤水		原矿	3% ~ 15%或每吨（或每立方米）1 ~ 10 元
	海盐			2% ~ 5%

注意，纳税人开采或生产应税产品，自用于连续生产应税产品的，不缴纳资源税；自用于其他方面的，视同销售，需要缴纳资源税。

①实行从价定率计征资源税的，应纳税额按照销售额和比例税率计算。

$$应纳税额 = 应税产品的销售额 \times 适用的比例税率$$

②实行从量定额计征资源税,应纳税额按照销售数量和定额税率计算。

应纳税额=应税产品的销售数量×适用的定额税率

│ 范例解析 │ 计算铜矿销售应缴纳的资源税

某铜矿2021年12月,当月产铜矿石原矿取得销售收入580.00万元,销售精矿取得收入1 000.00万元。已知该矿山铜矿精矿换算比为1.1,适用的资源税税率为6%。计算该铜矿12月应缴纳多少资源税税额。

分析:因为铜矿的计税依据为精矿,所以先要将原矿销售额换算为精矿销售额。

当月应税产品销售额=580.00×1.1+1 000.00=1 638.00（万元）

资源税应纳税额=1 638.00×6%=98.28（万元）

①核算应缴纳的资源税。

借:税金及附加	982 800.00	
贷:应交税费——应交资源税		982 800.00

②实际缴纳税费。

借:应交税费——应交资源税	982 800.00	
贷:银行存款		982 800.00

知识延伸 │ 什么是换算比

征税对象为精矿的,纳税人销售原矿时,应将原矿销售额换算为精矿销售额缴纳资源税。而换算比=同类精矿单位价格÷（原矿单位价格×选矿比）,选矿比=加工精矿耗用的原矿数量÷精矿数量。

4.4.2 对环境造成危害的要做环保税纳税处理

环保税即环境保护税,是为了保护和改善环境,减少污染物排放而征收的一种税。环保税的纳税人是在中华人民共和国领域和中华人民共和国管辖的其他海域，直接向环境排放应税污染物的企事业单位和其他生产经营者。但根据《中华人民共和国环境保护税法》的规定，下列情形之一，不属于直接向环境排放污染物，不缴纳相应污染物的环保税。

◆ 企业事业单位和其他生产经营者向依法设立的污水集中处理、生活垃圾集中处理场所排放应税污染物的。

◆ 企业事业单位和其他生产经营者在符合国家和地方环境保护标准的设施、场所贮存或者处置固体废物的。

环保税实行定额税率，根据《中华人民共和国环境保护税法》所附的《环境保护税税目税额表》可知，环保税的税目税额情况见表 4-10。

表 4-10　环保税的税目税额

税　　目		计税单位	税　　额
大气污染物		每污染当量	1.2 ～ 12 元
水污染物		每污染当量	1.4 ～ 14 元
固体废物	煤矸石	每吨	5 元
	尾矿	每吨	15 元
	危险废物	每吨	1 000 元
	冶炼渣、粉煤灰、炉渣、其他固体废物(含半固态、液态废物	每吨	25 元
噪声	工业噪声	超标 4 ～ 6 分贝	700 元 / 月
		超标 7 ～ 9 分贝	1 400 元 / 月
		超标 10 ～ 12 分贝	2 800 元 / 月
		超标 13 ～ 15 分贝	5 600 元 / 月
		超标 16 分贝以上	11 200 元 / 月

关于噪声，有以下五点需要注意：

①一个单位边界上有多处噪声超标，根据最高一处超标声级计算应纳税额；当沿边界长度超过100米有两处以上噪声超标，按照两个单位计算应纳税额。

②一个单位有不同地点作业场所的，应当分别计算应纳税额，合并计征。

③昼、夜均超标的环境噪声，昼、夜分别计算应纳税额，累计计征。

④声源一个月内超标不足15天的，减半计算应纳税额。

⑤夜间频繁突发和夜间偶然突发厂界超标噪声，按等效声级和峰值噪声两种指标中超标分贝值高的一项计算应纳税额。

而关于各类应税污染物的具体应税项目以及污染当量，可参考《中华人民共和国环境保护税法》的规定执行，这里不做列举。

根据各类应税污染物的计税单位的不同，在计算环保税应纳税额时所用的计算公式也有差异，具体如下：

应税大气污染物、水污染物的应纳税额=污染当量数×具体适用税额

应税固体废物的应纳税额=固体废物排放量×具体适用税额

应税噪声的应纳税额=超过国家规定标准的分贝数对应的具体适用税额

| 范例解析 | **核算排放大气污染物需要缴纳的环保税**

某公司2021年12月向大气直接排放二氧化硫、氟化氢各10千克，一氧化碳、氯化氢各100千克。已知公司所在地大气污染物适用税额为2.40元/每污染当量，且公司只有一个排放口。计算该公司12月排放大气污染物需要缴纳多少环保税。

①计算各污染物的污染当量数，相关污染当量值取自《中华人民共和国环境保护税法》的附件。

二氧化硫的污染当量数=10÷0.95=10.53（千克）

氟化氢的污染当量数=10÷0.87=11.49（千克）

一氧化碳的污染当量数=100÷16.7=5.99（千克）

氯化氢的污染当量数=100÷10.75=9.30（千克）

②计算环保税应纳税额。

环保税应纳税额=（10.53+11.49+5.99+9.30）×2.40=89.54（元）

①核算应缴纳的环保税。

借：税金及附加　　　　　　　　　　　89.54

　　贷：应交税费——应交环保税　　　　　　　89.54

②实际缴纳税费。

借：应交税费——应交环保税　　　　　89.54

　　贷：银行存款　　　　　　　　　　　　　　89.54

4.4.3　收购烟叶需要计缴烟叶税

烟叶税比较特殊，是对在中华人民共和国境内收购烟叶的单位征收的一种税。由于我国实行烟草专卖制度，因此烟叶税的纳税人具有特定性，一般是有权收购烟叶的烟草公司或受其委托收购烟叶的单位。

烟叶税的征税范围包括晾晒烟叶和烤烟叶。其中，晾晒烟叶包括列入晾晒烟名录的晾晒烟叶和未列入晾晒烟名录的其他晾晒烟叶。

烟叶税实行固定比例税率，税率为20%，它的计税依据是纳税人收购烟叶实际支付的价款总额，包括纳税人支付给烟叶生产销售单位和个人的烟叶收购价款及价外补贴，其中，价外补贴统一按烟叶收购价款的10%计算，用计算公式为：

价款总额=收购价款+收购价款×10%=收购价款×（1+10%）

应纳税额=价款总额×适用税率=收购价款×（1+10%）×20%

| 范例解析 | **核算收购烟叶需要缴纳的烟叶税**

某烟草公司为增值税一般纳税人，2021年12月收购烟叶30 000斤，收购价格为3.20元/斤（含支付的价外补贴10%），总共支付96 000.00元（不含增值税），货款全部支付。烟叶已全部验收入库待生产其他香烟产品，计算公司收购该批烟叶需要缴纳的烟叶税，并做相应的财税处理。

①由于烟叶验收入库待加工成其他香烟产品，因此将烟叶作为原材料入库处理。烟叶收购不涉及消费税。

增值税进项税额=96 000.00×13%=12 480.00（元）

应交烟叶税=96 000.00×20%=19 200.00（元）

总共支付的银行存款=96 000.00+12 480.00=108 480.00（元）

借：原材料——烟叶   115 200.00
　　应交税费——应交增值税（进项税额）   12 480.00
　　贷：银行存款   108 480.00
　　　　应交税费——应交烟叶税   19 200.00

②实际缴纳烟叶税款时，编制如下会计分录：

借：应交税费——应交烟叶税   19 200.00
　　贷：银行存款   19 200.00

在该案例中，公司缴纳的烟叶税计入烟叶的采购成本，所以第一个会计分录中"原材料——烟叶"科目对应的金额为115 200.00元（96 000.00+19 200.00）。

4.4.4　进境船舶要按规定计缴船舶吨税

船舶吨税简称吨税，是对自中国境外港口进入中国境内港口的船舶（即应税船舶）征收的一种税，以应税船舶的负责人为纳税人。

吨税的税目税率比较复杂，除了按照船舶净吨位的大小分等级设置四个税目外，每个税目还对应普通税率和优惠税率这两大类税率，每一类税率中又因为船舶执照期限的不同而划分为三个税率。

根据《中华人民共和国船舶吨税法》的规定，中华人民共和国籍的应税船舶，船籍国（地区）与中华人民共和国签订含有相互给予船舶税费最惠国待遇条款的条约或协定的应税船舶，适用优惠税率；其他应税船舶，适用普通税率。吨税税目税率情况见表 4-11。

表 4-11　船舶吨税的税目税额

税目（按船舶净吨位划分）	税率（元 / 净吨）					
	普通税率（按执照期限划分）			优惠税率（按执照期限划分）		
	30 日	90 日	1 年	30 日	90 日	1 年
不超过 2 000 净吨	2.1	4.2	12.6	1.5	3.0	9.0
超过 2 000 净吨，但不超过 10 000 净吨	4.0	8.0	24.0	2.9	5.8	17.4
超过 10 000 净吨，但不超过 50 000 净吨	4.6	9.2	27.6	3.3	6.6	19.8
超过 50 000 净吨	5.3	10.6	31.8	3.8	7.6	22.8

吨税以船舶净吨位为计税依据，乘以适用税率，就可得到吨税应缴纳的税额。

$$应纳税额 = 应税船舶净吨位 \times 适用税率$$

需要注意的是，拖船按照发动机功率每千瓦折合净吨位 0.67 吨；无法提供净吨位证明文件的游艇按照发动机功率每千瓦折合净吨位 0.05 吨；拖船和非机动驳船分别按相同净吨位船舶税率的 50% 计征吨税。

| 范例解析 |　计算船舶驶入我国港口需要缴纳的船舶吨税

某国的 A 运输公司一艘货轮驶入我国某港口，该货轮净吨位25 000吨，货轮负责人已向我国海关领取了吨税执照，港口停留期为30天。已知该国已与我国签订有相互给予船舶税最惠国待遇条款，计算该货轮负责人应向我国海关缴纳的船舶吨税。

分析：根据船舶吨税法的规定，该货轮应享受优惠税率，每净吨位3.30元。

船舶吨税应纳税额=25 000×3.30=82 500.00（元）

第⑤章

增值税与消费税的纳税筹划

在学习了各种税的财税处理后，接下来就要了解各税种的纳税筹划方法。增值税是一个大税种，在纳税筹划工作中非常重要。消费税税率都偏高，虽然筹划的空间很有限，但也能找到有效的方法减轻企业的税负。本章就来看看增值税和消费税如何进行纳税筹划。

5.1 产销活动中的增值税纳税筹划方法

对企业来说，在产品或商品的产销、流转过程中，一旦产品或商品发生了增值，就需要缴纳增值税。而是否增值，并不能单一地从一个环节来判断，需要贯穿整个产销过程来看。因此，增值税的纳税筹划方法就要从整个产销活动中寻找。

5.1.1 选择恰当的纳税人身份

从本书第 2 章的相关知识可以知道，不同纳税人身份适用的增值税税率是不同的，因此可以从选择纳税人身份入手，进行纳税筹划。

需要注意的是，小规模纳税人达到一般纳税人认定标准后，可以申请认定为一般纳税人；但是一般纳税人一经确定，通常不能再改变身份。关于小规模纳税人和一般纳税人，在本书第 1 章 1.2.4 节内容中已经介绍过，这里不再重复说明。

下面通过案例对比，分析如何利用纳税人身份进行纳税筹划。

| 范例解析 | 选择认定为一般纳税人的增值税核算

某公司为增值税一般纳税人，2021 年 12 月向某供应商采购一批原材料，不含税价款共 12.50 万元，收到供应商开具的增值税专用发票，注明税率 13%。已知该公司当月售出一批产品，不含税收入共 31.20 万元，开出增值税专用发票，注明税率 13%。假设公司当月未发生其他业务收入，也没有发生其他增值税进项税额。

①核算公司当月准予抵扣的增值税进项税额。

准予抵扣的增值税进项税额=125 000.00×13%=16 250.00（元）

②核算公司当月发生的增值税销项税额。

增值税销项税额=312 000.00×13%=40 560.00（元）

③核算公司当月实际应缴纳的增值税税额。

应缴纳增值税=40 560.00-16 250.00=24 310.00（元）

如果上述公司选择认定为小规模纳税人，即使供应商开具的是增值税专用发票，对公司来说，对应的增值税税额也不能抵扣，需要和采购价款一起计入原材料的采购成本。并且，此时公司因销售业务对外开出的增值税发票注明的是征收率，假设为 3%，当月需要缴纳的增值税计算如下：

应缴纳增值税=312 000.00×3%=9 360.00（元）

可以看到，这样的经营情况下，公司选择认定为一般纳税人会比选择认定为小规模纳税人多缴税，多缴 14 950.00 元（24 310.00-9 360.00）。很显然，选择认定为小规模纳税人可以减轻税负。

但是，由于增值税的计算与采购价款以及销售收入等密切相关，因此，当采购价款或销售收入发生变化时，结论很可能又不一样了。比如公司当月采购原材料的不含税价款为 24.50 万元，当月销售收入仍然为 31.20 万元。

①认定为一般纳税人。

增值税进项税额=245 000.00×13%=31 850.00（元）

增值税销项税额=312 000.00×13%=40 560.00（元）

应缴纳增值税=40 560.00-31 850.00=8 710.00（元）

②认定为小规模纳税人，应缴纳增值税仍然为 9 360.00元。

此时，一般纳税人与小规模纳税人相比，所缴税金不同。

假设某公司当月采购货物，价款为 X 元，销售商品或产品的销售收入为 Y，均不含税，且不考虑其他收入和成本、费用开支。选择认定为一般纳税人需要缴纳的增值税为（$Y-X$）×13%；选择认定为小规模纳税人需要缴纳的增值税为 3%Y，如果（$Y-X$）×13% < 3%Y，说明认定为一般纳税人更节税，此时：$Y < 1.3X$。

粗略地理解为，当公司当期的销售收入低于当期采购价款的 1.3 倍时，选择认定为一般纳税人，达到纳税筹划目的。

同理，如果 $3\%Y < (Y-X) \times 13\%$，说明认定为小规模纳税人更节税，此时：$Y > 1.3X$。

简单理解为，当公司当期的销售收入高于当期采购价款的1.3倍时，选择认定为小规模纳税人，可达到纳税筹划的目的。

由于企业经营无法事先判断采购价款与销售收入的关系，因此，该方法在实务中很少被运用。再加上纳税人身份不能随意变更，就显得这种方法不那么实用，但可以作为纳税筹划方法进行了解、学习。

5.1.2 选择合适的供应商

供应商的选择为什么可以作为纳税筹划的方法呢？因为供应商也会有纳税人身份，身份的不同，或者是否可以开具增值税专用发票，对于采购方来说至关重要。

如果供应商是增值税一般纳税人，且可以向采购方开具增值税专用发票，则采购方可以按照发票注明的税额进行进项税额抵扣；如果供应商是小规模纳税人，且只能向采购方开具增值税普通发票，则采购方收到发票后，不能按发票注明的税额进行税额抵扣。

很显然，能够进行进项税额抵扣的采购方，可以少缴纳增值税，减轻税负。

下面也通过案例对比来看看，如何通过选择供应商进行纳税筹划。

| 范例解析 | 供应商可以开具增值税专用发票

某公司为增值税一般纳税人，2021年12月向供应商采购商品，不含税价款为7.50万元。已知该供应商也是增值税一般纳税人，开具的增值税专用发票上注明税率13%。当月公司产生不含税销售收入10.66万元，计算该公司当月需要缴纳的增值税税款。

①核算准予抵扣的增值税进项税额。

增值税进项税额=75 000.00×13%=9 750.00（元）

②核算当月增值税销项税额。

增值税销项税额=106 600.00×13%=13 858.00（元）

③核算当月应缴纳的增值税税款。

应缴纳增值税=13 858.00−9 750.00=4 108.00（元）

如果该案例中的供应商为小规模纳税人，但可以开具增值税专用发票，发票注明征收率为3%，此时公司应缴纳增值税的计算如下：

①核算准予抵扣的增值税进项税额。

增值税进项税额=75 000.00×3%=2 250.00（元）

②当月增值税销项税额仍然为13 858.00元。

由此可计算出公司当月需要缴纳的增值税税额为11 608.00元（13 858.00−2 250.00），很显然，比供应商是一般纳税人且可开具增值税专用发票的情况多缴税，多缴7 500.00元（11 608.00−4 108.00）。

如果该案例中的供应商为小规模纳税人，且无法向采购公司开具增值税专用发票，开具的增值税普通发票上注明征收率3%。此时，对于采购公司来说，收到的发票上注明的税额只能全额计入采购商品的入账成本，不能用作进项税额抵扣。当月公司需要缴纳的增值税计算如下：

应缴纳增值税=106 600.00×13%=13 858.00（元）

这种情况下，缴纳的增值税比供应商为一般纳税人的情况多，多缴9 750.00元（13 858.00−4 108.00）；同时也比供应商为小规模纳税人但可以开具增值税专用发票的情况多缴税，多缴纳2 250.00元（13 858.00−11 608.00）。

综上所述，无论供应商是一般纳税人还是小规模纳税人，只要能向采购企业开具增值税专用发票，都比不能开具增值税专用发票的情况少缴纳增值税。但是，在都能开具增值税专用发票的情况下，选择供应商为一般纳税人的情况，可以缴纳更少的增值税。

所以，选择供应商时，最好选择为一般纳税人的供应商，且能开具增值税专用发票，这样可以更多地节税，达到纳税筹划的目的。

这里不需要考虑公司采购价款与当期销售收入的关系，因为公司自身身份已经确定，如果为一般纳税人，则销售收入必然需要按照规定的税率计算增值税销项税额，关键就是要看供应商是否能开具增值税专用发票。如果能，则公司可以进行进项税额抵扣，则可以少缴纳增值税；如果不能，则公司就不能进行进项税额抵扣，相应的税负就会更重。

如果公司为小规模纳税人，则无论供应商是否能开具增值税专用发票，公司都不能进行增值税进项税额抵扣，也就只能按照规定征收率计算缴纳增值税。

5.1.3 改变折扣方式

公司销售产品或商品时，根据折扣的表现形式不同，可以分为价格折扣和实物折扣。这两种折扣方式下，增值税税额的计算和缴纳都是不同的。而且，价格折扣又分为商业折扣和现金折扣，方式不同，也会影响企业计缴增值税。下面分别介绍这些折扣方式，同时通过案例进行增值税的计缴对比，看看如果借助折扣方式如何达到纳税筹划的目的。

（1）商业折扣

商业折扣是为了适应市场供应情况，或针对不同顾客，从货物价目单上规定的价格中扣减的部分，通常以百分比表示。比如，某销售商规定顾客购买 10 件以上的商品，给予顾客 10% 的商业折扣。

如果采用商业折扣进行销售，则商业报价扣除商业折扣后的实际成交价格才是企业销售收入的入账金额。而增值税就要以扣除商业折扣后的实际成交价格为计税依据，计算增值税销项税额（对一般纳税人而言）。

| 范例解析 | 给予购买方商业折扣的增值税税务处理

某公司为增值税一般纳税人，2021年12月向采购方销售商品一批，售价为20.00万元，但因为该采购方是公司的老客户，所以公司决定给予2%的商业折扣。向采购方开具增值税专用发票，注明价款和折扣金额，税率为13%。计算该公司当月增值税销项税额。

分析：由于公司给予的是商业折扣，且在发票上分别注明，因此，公司确认的主营业务收入数额为扣除商业折扣后的余额，而增值税销项税额也要以扣除商业折扣后的余额为计税依据进行计算。

①核算发生的商业折扣。

商业折扣=200 000.00×2%=4 000.00（元）

②实际需要确认的主营业务收入额。

主营业务收入=200 000.00-4 000.00=196 000.00（元）

③核算增值税销项税额。

增值税销项税额=196 000.00×13%=25 480.00（元）

④不发生商业折扣时的增值税销项税额。

增值税销项税额=200 000.00×13%=26 000.00（元）

由此可见，发生商业折扣时，企业核算的增值税销项税额比不发生商业折扣时的销项税额少，少 520.00 元（26 000.00-25 480.00），但是同时，企业确认的主营业务收入就会减少 20 000.00 元。

最终，是发生商业折扣获取的利润多，还是不发生商业折扣的利润多，还需要进一步计算分析，这里只分析增值税的问题，所以不再深入分析收入、利润的关系。

（2）现金折扣

现金折扣是销售方为了鼓励购货方在一定时期内尽早付款而给予的价格优惠，通常用符号"折扣率 / 付款期限"表示。比如"2/10，1/20，N/30"，表示的是销货方允许客户最长付款期限为 30 天，如果客户在 10 天内付款，销货方可按商品售价给予客户 2% 的折扣；如果客户在 10 天以后20 天以内付款，销货方可按商品售价给予客户 1% 的折扣；如果客户在 20天后 30 天以内付款，将不能享受现金折扣。

如果采用现金折扣方式销售，商业报价就是销售方需要确认的主营业务收入的入账金额，而不是扣除现金折扣后的余额。相应地，增值税销项税额的计算也就要以扣除现金折扣前的售价作为计税依据。

| 范例解析 | 给予购买方现金折扣的增值税税务处理

某公司为增值税一般纳税人，2021年12月向采购方销售商品一批，售价为20.00万元。为了鼓励采购方积极付款，公司规定了现金折扣标准"2/10，1/20，N/30"。向采购方开具增值税专用发票，注明税率13%。最终，采购方在购买商品后的第3天付款，于是企业给予采购方2%的现金折扣，同时向采购方开具红字增值税专用发票。现金折扣不考虑增值税，则增值税的税务处理如下：

①确认收入并核算增值税销项税额。

主营业务收入=200 000.00（元）

增值税销项税额=200 000.00×13%=26 000.00（元）

②核算发生的现金折扣。

现金折扣=200 000.00×2%=4 000.00（元）

注意，这种情况下，公司全部商品都已出售，且发生现金折扣时已经确认了收入，所以主营业务收入的入账金额为200 000.00元，增值税销项税额为26 000.00元，与不发生任何折扣时需要核算的增值税销项税额相同；发生的现金折扣不能冲销主营业务收入，而是作为财务费用进行核算，如果前期尚未收到货款，则冲减公司的应收账款；如果前期已经收到货款，发生现金折扣时另向采购方退款，则冲减企业的银行存款或库存现金。

这两种折扣方式对比，在不考虑其他经营活动和业务的情况下，最终的利润都是196 000.00元（200 000.00-4 000.00），然而，增值税销项税额的结果却大不相同，商业折扣下销项税额为25 480.00元，现金折扣下销项税额为26 000.00元。

因此，在商业折扣和现金折扣当中做选择，选择采用商业折扣进行销售可以达到纳税筹划的目的。

（3）实物折扣

实物折扣实际上也属于商业折扣，只不过通常以件数或者套数等表示，与商业折扣中的价格折扣以百分比表示不同。比如，销售商给予客户买10 件送一件的折扣，这就是实物折扣。

发生实物折扣时，赠送的物品视同销售，因此需要计缴增值税。而销售物品与赠送物品之间，需要根据其价格比，分摊总的销售价款。下面通过一个案例来了解其中的财税处理。

| 范例解析 |　发生实物折扣的增值税税务处理

某公司为增值税一般纳税人，2021年12月销售一批商品，共1 000件，每件不含税价格为120.00元，根据双方协商，计划采取实物折扣的方式，在100件商品的基础上赠送10件商品，实际赠送100件商品。适用税率为13%，相关财税处理如下：

分析：赠送货物视同销售处理，由于此时销售商品与赠送商品在总价款的基础上，按照各自价格的比例分摊总价款，因此，公司账面上确认的主营业务收入仍然为1 000件商品对应的总价款。但是，由于赠送货物视同销售，因此，赠送货物也要计缴增值税销项税额。

实际不含税价款＝1 000×120.00＝120 000.00（元）

销售货物的增值税销项税额＝120 000.00×13%＝15 600.00（元）

赠送货物的增值税销项税额＝100×120.00×13%＝1 560.00（元）

由于公司账面上是直接根据总价款120 000.00元来计算增值税销项税额，即15 600.00元，而实际上公司还需要计算1 560.00元的增值税进项税额，共计17 160.00元。

如果该公司将实物折扣变成价格折扣中的商业折扣，即按照出售1 100件商品计算，商品不含税价格总额为132 000.00元（1 100×120.00），打折扣的不含税价格总额为120 000.00元，这样，企业同样可以收取 12.00 万元的价款，但此时增值税销项税额就只有 15 600.00 元（120 000.00×13%），比采用实物折扣少负担 1 560.00 元的增值税。

通过计算可以知道，该公司的折扣比率为：（132 000.00−120 000.00）÷132 000.00×100%=9.09%。

如果该公司将实物折扣变成价格折扣中的现金折扣，则确认收入时以 1 100 件商品的不含税总价款为准，后期发生的现金折扣确认为财务费用，此时增值税销项税额的计算就要以 1 100 件商品的不含税总价款为计税依据，即 1 100×120.00×13%=17 160.00（元），与采用实物折扣需要负担的增值税销项税额相同，没有起到节税的作用。

所以，在将实物折扣转变成价格折扣时，要转变成商业折扣，才能达到纳税筹划的目的。但是商业折扣下确认的收入总额会减少。最终企业采用哪种折扣方式可以获取更多利润，也要做进一步计算分析，这里只考虑增值税负担。

5.1.4 将直接销售改为代销的筹划方式

代销商品是商业企业接受外单位的委托，代委托方销售的商品。代销分为两种方式，一是视同买断；二是收取手续费。根据我国增值税暂行条例实施细则的规定，将货物交付其他单位或个人代销和销售代销货物都是视同销售行为，都负有增值税纳税义务，都要按规定缴纳增值税。

那么，代销商品如何就能达到纳税筹划的目的，为企业减轻税负呢？下面来看一个案例。

| 范例解析 |　通过代销商品进行纳税筹划

2021年12月，A公司与B公司签订了一项代销协议，由B公司代销A公司的产品，该产品成本为400.00元/件，现有以下两种代销方式可以选择。

①收取手续费方式，B公司以600.00元/件的价格对外销售公司的产品，向A公司收取100.00元/件的代销手续费。

②视同买断方式，B公司每售出一件产品，A公司按500.00元/件的协议价收取货款，B公司在市场上仍然要以600.00元/件的价格销售A公司的产品，实际售价与协议价之间的差额100.00元/件归B公司所有。

假设A公司为一般纳税人，当月可以抵扣的进项税额为50.00元/件；A公司为小规模纳税人，则进购环节的增值税税额50.00元/件不能做抵扣处理，只能计入相应货物或原材料的采购成本，此时就会使代销产品的成本增加至450.00元。以上价格均为不含税价款。适用城市维护建设税税率为7%，教育费附加征收率为3%。这里暂不考虑B公司的增值税进项税额。

以①方式进行代销，且A公司与B公司都是增值税一般纳税人。

A公司以600.00元/件确认销售收入，同时，代销手续费作为接受劳务付出的价款，对应的增值税进项税额可以进行抵扣。此时：

A公司每件商品增值税应纳税额=600.00×13%−50.00−100.00×13%=15.00（元）

每件商品城市维护建设税和教育费附加=15.00×（7%+3%）=1.50（元）

每件商品所得税税前利润=600.00−400.00−100.00−1.50=98.50（元）

B公司每件商品增值税应纳税额=100.00×13%=13.00（元）

每件商品城市维护建设税和教育费附加=13.00×（7%+3%）=1.30（元）

代销收入的所得税税前利润=100.00−1.30=98.70（元）

如果A公司直接销售，则：

每件商品增值税应纳税额=600.00×13%−50.00=28.00（元）

每件商品城市维护建设税和教育费附加=28.00×（7%+3%）=2.80（元）

每件商品所得税税前利润=600.00−400.00−1.50=198.50（元）

很显然，A公司委托其他单位代销商品，可以少缴纳增值税、城市维护建设税和教育费附加，但是，最终的税前利润会明显减少。

以②方式进行代销，且A公司与B公司都是增值税一般纳税人。

此时A公司要以500.00元/件确认销售收入：

A公司每件商品增值税应纳税额=500.00×13%-50.00=15.00（元）

每件商品城市维护建设税和教育费附加=15.00×（7%+3%）=1.50（元）

每件商品所得税税前利润=500.00-400.00-1.50=98.50（元）

B公司每件商品增值税应纳税额=600.00×13%-500.00×13%=13.00（元）

每件商品城市维护建设税和教育费附加=13.00×（7%+3%）=1.30（元）

代销收入的所得税税前利润=600.00-500.00-1.30=98.70（元）

由此可见，无论是哪种代销方式，对于接受委托的B公司来说，需要缴纳的增值税税额、城市维护建设税和教育费附加都是一样的，且代销收入也一样。对于委托代销的A公司来说，采用买断方式进行代销，所需缴纳的增值税、城市维护建设税和教育费附加与采取收取手续费方式的相同，每件商品所得税税前利润也相同。因此，无论A公司选择哪种代销方式，节税的效果都一样，但是获取的税前利润都要比直接销售的少。

以①方式进行代销，A公司为一般纳税人，B公司为小规模纳税人，且无法开具增值税专用发票，征收率为3%。

A公司以600.00元/件确认销售收入，但是代销手续费对应的增值税税额不能做进项抵扣处理。此时：

A公司每件商品增值税应纳税额=600.00×13%-50.00=28.00（元）

每件商品城市维护建设税和教育费附加=28.00×（7%+3%）=2.80（元）

每件商品所得税税前利润=600.00-400.00-100.00-2.80=97.20（元）

B公司每件商品增值税应纳税额=600.00×3%+100.00×3%=21.00（元）

每件商品城市维护建设税和教育费附加=21.00×（7%+3%）=2.10（元）

代销收入的所得税税前利润=100.00-2.10=97.90（元）

对于A公司来说，与直接销售所需负担的增税税额相同，无法达到纳税筹划的目的，并且还比直接销售时获取的税前利润少，进一步说明收取手续费的代销方式不能达到纳税筹划的目的。另外，对于B公司来说，也需要缴纳更多的增值税，税前利润也会降低。

以②方式进行代销，A公司为一般纳税人，B公司为小规模纳税人。

此时公司要以500.00元/件确认销售收入：

A公司每件商品增值税应纳税额=500.00×13%−50.00=15.00（元）

每件商品城市维护建设税和教育费附加=15.00×（7%+3%）=1.50（元）

每件商品所得税税前利润=500.00−400.00−1.50=98.50（元）

B公司每件商品增值税应纳税额=600.00×3%=18.00（元）

每件商品城市维护建设税和教育费附加=18.00×（7%+3%）=1.80（元）

代销收入的所得税税前利润=600.00−500.00−1.80=98.20（元）

这样，委托代销的A公司采取视同买断方式进行代销，比直接销售时少缴增值税和附加税费，但比直接销售获取的税前利润少。换句话说，如果A公司为一般纳税人，而受托代销的B公司为小规模纳税人，A公司选择利用视同买断的代销方式，可以比直接销售更节税。

同理，可以分析 A 公司为小规模纳税人而 B 公司为一般纳税人时的代销方式纳税筹划，以及 A 公司和 B 公司都为小规模纳税人时的代销方式纳税筹划，这里不再一一介绍。

总的来说，公司在分析判断代销是否可以达到纳税筹划的目的时，要考虑本公司纳税人身份和受托代销公司的纳税人身份。根据身份来核算增值税税额以及税前利润，从而判断代销是否能达到纳税筹划目的，如果不能，则还是采用直接销售方式；如果能，当然就将直销改为代销，可以节税。

5.2 利用税收优惠政策进行增值税筹划

一个国家的税收优惠政策，实际上是纳税人进行纳税筹划的主要依据。企业应按照税收优惠政策进行的纳税筹划。本节就来了解增值税的一些税收优惠政策。

5.2.1 认识增值税免税、减税政策

免税是指国家为了实现一定的政治经济政策，给某些纳税人或征税对象的一种鼓励或特殊照顾。免税是免征全部税款。

减税也是对某些纳税人或课税对象的鼓励或照顾措施。减税是从应征税款中减征部分税款。

在同等纳税条件下，显然免税比减税更能减轻纳税人的税收负担。那么，我国关于增值税的免税和减税政策及规定有哪些呢？

（1）免税

根据《中华人民共和国增值税暂行条例》的规定，下列项目免征增值税：

◆ 农业生产者销售的自产农产品。

◆ 避孕药品和用具。

◆ 古旧图书。

◆ 直接用于科学研究、科学试验和教学的进口仪器、设备。

◆ 外国政府、国际组织无偿援助的进口物资和设备。

◆ 由残疾人的组织直接进口供残疾人专用的物品。

◆ 销售自己使用过的物品。

需要说明的是，古旧图书是指向社会收购的古书和旧书；自己使用过的物品，是指其他个人自己使用过的物品。例如，废品回收者收购其他个人自己使用过的物品再销售的，免征增值税。

除此以外，一些税收政策还特别规定了纳税人销售额未达到国务院财政、税务主管部门规定的增值税起征点的，免征增值税。具体内容在本节后续内容中介绍。还有一些即征即退的税收优惠政策，其效果与免税相似。

例如，财政部　税务总局公告2021年第10号《关于延续宣传文化增值税优惠政策的公告》规定：

一、自2021年1月1日起至2023年12月31日，执行下列增值税先征后退政策：

（一）对下列出版物在出版环节执行增值税100%先征后退的政策

1.中国共产党和各民主党派的各级组织的机关报纸和机关期刊，各级人大、政协、政府、工会、共青团、妇联、残联、科协的机关报纸和机关期刊，新华社的机关报纸和机关期刊，军事部门的机关报纸和机关期刊。

上述各级组织不含其所属部门。机关报纸和机关期刊增值税先征后退范围掌握在一个单位一份报纸和一份期刊以内。

2.专为少年儿童出版发行的报纸和期刊，中小学的学生教科书。

3.专为老年人出版发行的报纸和期刊。

4.少数民族文字出版物。

5.盲文图书和盲文期刊。

6.经批准在内蒙古、广西、西藏、宁夏、新疆五个自治区内注册的出版单位出版的出版物。

7.列入本公告附件1的图书、报纸和期刊。

（二）对下列出版物在出版环节执行增值税先征后退50%的政策

1.各类图书、期刊、音像制品、电子出版物，但本公告第一条第（一）项规定执行增值税100%先征后退的出版物除外。

2.列入本公告附件2的报纸。

（三）对下列印刷、制作业务执行增值税100%先征后退的政策：

1.对少数民族文字出版物的印刷或制作业务。

2.列入本公告附件3的新疆维吾尔自治区印刷企业的印刷业务。

二、自2021年1月1日起至2023年12月31日，免征图书批发、零售环节增值税。

三、自2021年1月1日起至2023年12月31日，对科普单位的门票收入，以及县级及以上党政部门和科协开展科普活动的门票收入免征增值税。

一些跨境行为也有免征增值税的规定，见表5-1。境内单位和个人销售的服务和无形资产，免征增值税，但财政部和国家税务总局规定适用增值税零税率的除外。

表 5-1 免征增值税的跨境行为

类别	具体行为
服务	①工程项目在境外的建筑服务和工程监理服务 ②工程、矿产资源在境外的工程勘察勘探服务 ③会议展览地点在境外的会议展览服务 ④存储地点在境外的仓储服务 ⑤标的物在境外使用的有形动产租赁服务 ⑥在境外提供的广播影视节目（作品）的播映服务、文化体育服务、教育医疗服务、旅游服务
为出口货物提供的服务	为出口货物提供的邮政服务、收派服务、保险服务，其中保险服务包括出口货物保险和出口信用保险
完全在境外消费的服务和无形资产	主要是指向境外单位提供的完全在境外消费的服务和无形资产，包括：电信服务、知识产权服务、物流辅助服务（仓储服务和收派服务除外）、鉴证咨询服务、专业技术服务、商务辅助服务、广告投放地在境外的广告服务、无形资产
国际运输服务	主要指以无运输工具承运方式提供的国际运输服务

类别	具体行为
直接收费金融服务	指为境外单位之间的货币资金融通及其他金融业务提供的直接收费金融服务，且该服务与境内的货物、无形资产和不动产无关
其他	财政部和国家税务总局规定的其他服务

此外，还有一些具体的增值税免税政策，需要纳税人根据自身情况，进行实时了解，读者可以进入国家税务总局进行查看。

（2）减税

增值税的减税规定主要以一些具体的减税政策出现，并且适用的都是一些特殊的经济行为，或者特殊的经营时期。

比如，《关于明确二手车经销等若干增值税征管问题的公告》（国家税务总局公告 2020 年第 9 号）规定：自 2020 年 5 月 1 日至 2023 年 12 月 31 日，从事二手车经销业务的纳税人销售其收购的二手车，纳税人减按 0.5% 征收率征收增值税。

又如，《关于支持个体工商户复工复业等税收征收管理事项的公告》（国家税务总局公告 2020 年第 5 号）规定：增值税小规模纳税人取得应税销售收入纳税义务发生时间在 2020 年 3 月 1 日至 5 月 31 日，适用减按 1% 征收率征收增值税的，按照 1% 征收率开具增值税发票。

其他还有很多具体的减税规定，这里不做一一列举，也可以直接进入国家税务总局官网进行查看。

需要注意的是，如果纳税人兼营免税、减税项目，应分别核算免税、减税项目的销售额；没有分别核算销售额的，不得免税、减税。

5.2.2　利用特殊企业减免税规定进行筹划

这里的特殊企业主要针对小微企业、小规模纳税人，具体的税收优惠政策也不止一个，这里以国家税务总局公告 2021 年第 5 号《关于小规模纳税人免征增值税征管问题的公告》为例，介绍如何利用特殊企业减免税规定进行纳税筹划。

国家税务总局公告 2021 年第 5 号《关于小规模纳税人免征增值税征管问题的公告》规定：小规模纳税人发生增值税应税销售行为，合计月销售额未超过 15 万元（以 1 个季度为 1 个纳税期的，季度销售额未超过 45 万元，下同）的，免征增值税。小规模纳税人发生增值税应税销售行为，合计月销售额超过 15 万元，但扣除本期发生的销售不动产的销售额后未超过 15 万元的，其销售货物、劳务、服务、无形资产取得的销售额免征增值税。

| 范例解析 | 小微企业月销售额不超过15万元免征增值税

某小微企业为增值税小规模纳税人，2021年12月总销售额为13.25万元。根据税收优惠政策的规定，该公司月销售额不超过15.00万元，因此可免征增值税。

如果该公司为增值税一般纳税人，则需要按规定计缴增值税。假设适用增值税税率13%。

增值税销项税额=132 500.00×13%=17 225.00（元）

如果该公司为中小企业，且为增值税一般纳税人，也需要按规定计缴增值税，适用税率为13%，同样需要核算增值税销项税额17 225.00元。

由此可见，在不考虑进项税额抵扣的情况下，无论企业是否为小微企业，只要不属于小规模纳税人，就会比纳税人身份为小规模纳税人的小微企业多缴增值税。

另外，《关于小规模纳税人免征增值税征管问题的公告》（国家税务总局公告 2021 年第 5 号）还规定：《中华人民共和国增值税暂行条例实施细则》第九条所称的其他个人，采取一次性收取租金形式出租不动产取得的租金收入，可在对应的租赁期内平均分摊，分摊后的月租金收入未超过 15 万元的，免征增值税。

5.2.3　利用特殊行业的加计抵减增值税政策

《关于明确生活性服务业增值税加计抵减政策的公告》（财政部税务总局公告 2019 年第 87 号）明确了一些行业的加计抵减增值税规定，内容如下：

一、2019 年 10 月 1 日至 2021 年 12 月 31 日，允许生活性服务业纳税人按照当期可抵扣进项税额加计 15%，抵减应纳税额（以下称加计抵减 15% 政策）。

二、本公告所称生活性服务业纳税人，是指提供生活服务取得的销售额占全部销售额的比重超过 50% 的纳税人。生活服务的具体范围按照《销售服务、无形资产、不动产注释》（财税〔2016〕36 号印发）执行。

2019 年 9 月 30 日前设立的纳税人，自 2018 年 10 月至 2019 年 9 月期间的销售额（经营期不满 12 个月的，按照实际经营期的销售额）符合上述规定条件的，自 2019 年 10 月 1 日起适用加计抵减 15% 政策。

2019 年 10 月 1 日后设立的纳税人，自设立之日起 3 个月的销售额符合上述规定条件的，自登记为一般纳税人之日起适用加计抵减 15% 政策。

纳税人确定适用加计抵减 15% 政策后，当年内不再调整，以后年度是否适用，根据上年度销售额计算确定。

三、生活性服务业纳税人应按照当期可抵扣进项税额的 15% 计提当期加计抵减额。按照现行规定不得从销项税额中抵扣的进项税额，不得计提加计抵减额；已按照 15% 计提加计抵减额的进项税额，按规定作进项税额转出的，应在进项税额转出当期，相应调减加计抵减额。计算公式为：

当期计提加计抵减额 = 当期可抵扣进项税额 × 15%

当期可抵减加计抵减额 = 上期末加计抵减额余额 + 当期计提加计抵减额 − 当期调减加计抵减额

根据以上规定，借助下面的案例来看看纳税筹划的效果。

| 范例解析 |　符合加计抵减增值税的生活性服务企业的纳税筹划

某公司为生活性服务企业，且为增值税一般纳税人，成立于2021年7月，且成立后的3个月的销售额均符合"提供生活服务取得的销售额占全部销售额的比重超过50%"这一条件。2021年12月，该公司销售收入为24.36万元（不含增值税），适用增值税税率13%，当月准予抵扣的增值税进项税额为1.82万元。那么，该公司当月实际应缴纳多少增值税呢？

因为该公司符合加计抵减增值税的税收优惠条件，因此，进项税额可以加计抵减。

当期计提加计抵减额=18 200.00×15%=2 730.00（元）

当期实际可以抵扣的进项税额=18 200.00+2 730.00=20 930.00（元）

当期增值税销项税额=243 600.00×13%=31 668.00（元）

当期应缴纳增值税=31 668.00−20 930.00=10 738.00（元）

如果该公司不符合加计抵减增值税的税收优惠条件，也就不能享受增值税加计抵减，则：

当期实际可以抵扣的进项税额=18 200.00（元）

当期应缴纳增值税=31 668.00−18 200.00=13 468.00（元）

根据案例中的计算结果可知，当生活性服务企业符合加计抵减增值税的税收优惠条件时，可以比不符合加计抵减增值税的情况少缴纳2 730.00元（13 468.00−10 738.00）的增值税。

所以，生活性服务企业在税收优惠政策规定的时间范围内，要着重经营自己的主营业务，即提供生活服务。否则，如果提供生活服务取得的销售额达不到全部销售额的50%，就不能享受该税收优惠，也就无法为公司减轻增值税负担。

5.3　消费税的常用纳税筹划措施

由于消费税本身就是针对一些特殊的消费品征收的一种税，因此，很少有专门的消费税税收优惠政策。纳税人一般都需要通过个性化的纳税筹划措施来达到节税的目的。

5.3.1　自产自用应税消费品的纳税筹划

在本书的第 2 章 2.2.3 节内容中，我们已经学习过如何核算自产自用应税消费品的消费税应纳税额，根据公式可知，消费税的计税价格越低，计缴的消费税越少。如果没有同类消费品销售价格做参考，则缩小成本和利润能有效达到节税的目的，纳税筹划也主要从这一方面入手。

但是要注意，不能盲目地降低计税价格，因为如果计税价格偏低而无正当理由，也会由主管税务机关根据市场价格确定最低计税价格。

下面通过一个案例来比较分析。

| 范例解析 |　降低成本来达到消费税的纳税筹划目的

某制表厂为增值税一般纳税人，2022年1月将试制的50只手表用于职工福利，已知该制表厂没有同类手表的销售价格做参考，该批手表的成本总计15.00万元，成本利润率为20%，消费税税率为20%。

①由于没有同类应税消费品的价格做参考，应按组成计税价格计算缴纳消费税。

组成计税价格=150 000.00×（1+20%）÷（1-20%）=225 000.00（元）

消费税应纳税额=225 000.00×20%=45 000.00（元）

借：税金及附加　　　　　　　　　　　　　　　45 000.00

　　贷：应交税费——应交消费税　　　　　　　 45 000.00

②由于没有同类应税消费品的价格做参考，应按组成计税价格计算缴纳增值税。

增值税销项税额=225 000.00×13%=29 250.00（元）

如果该批手表的成本为12.00万元，成本利润率依然为5%，相应的组成计税价格就会降低，所以这里消费税的应纳税额也会降低，可以起到纳税筹划的作用，相关计算如下：

组成计税价格=120 000.00×（1+20%）÷（1−20%）=180 000.00（元）

消费税应纳税额=180 000.00×20%=36 000.00（元）

该案例中，消费税应纳税额36 000.00元显然少于45 000.00元。所以，企业在自产自用应税消费品的业务中，尽可能地降低应税消费品的成本，就可以有效达到节税的效果，实现纳税筹划目标。换句话说，企业需要控制好应税消费品的生产成本。

当然，从理论的角度来看，企业降低应税消费品的利润，也可以达到节税的目的，但是因为利润降低会影响企业的最终获利水平，所以这种方法并不能真正意义上减轻企业的税负。

需要特别注意的是，当企业合理控制成本后，很可能使成本利润率提高，此时又可能会导致组成计税价格升高，达不到节税的目的。所以，实务中，需要准确核算成本的控制范围。

5.3.2　委托加工应税消费品的纳税筹划

委托加工应税消费品的业务，从降低计税价格来达到消费税纳税筹划目标，减轻消费税计缴负担。同理，也不能一味地降低计税价格。如果没有应税消费品市场价格做参考，则需要从减少加工费的角度来进行筹划，这样可以减少消费税应纳税额。

由于消费税的计税价格不能过低，因此加工费的筹划需要有一个下限；在不低于下限的前提下，尽可能减少加工费，就能减少组成计税价格，从而减少消费税应纳税额。下面来看一个具体案例。

| 范例解析 | 降低加工费来达到消费税的纳税筹划目的

　　某烟厂委托甲厂加工雪茄烟，双方均为增值税一般纳税人。烟厂提供原材料烟叶60 000.00元，甲厂收取加工费2.10万元，由甲厂代扣代缴消费税。假设甲厂没有同类雪茄烟的销售价格做参考，则消费税的计缴需要借助组成计税价格来进行。已知雪茄烟的消费税税率为36%。

　　①核算组成计税价格。

　　组成计税价格=（60 000.00+21 000.00）÷（1-36%）=126 562.50（元）

　　②核算消费税应纳税额。

　　消费税应纳税额=126 562.50×36%=45 562.50（元）

　　借：税金及附加　　　　　　　　　　　　　　45 562.50

　　　　贷：应交税费——应交消费税　　　　　　　45 562.50

　　如果该批烟叶的加工费为2.00万元，则组成计税价格就会降低，计缴的消费税应纳税额也会减少，相关计算如下：

　　组成计税价格=（60 000.00+20 000.00）÷（1-36%）=125 000.00（元）

　　消费税应纳税额=125 000.00×36%=45 000.00（元）

　　该案例中，减少加工费0.10万元，就可以使消费税应纳税额从原来的45 562.50元减少到45 000.00元，少缴纳562.50元。由此可见，适当减少加工费可以有效减少消费税的应纳税额，减轻税负。

　　除此以外，在委托加工应税消费品的业务中，还可以通过将受托加工方变为委托企业的联营企业，来达到消费税节税目的。

5.3.3　利用包装物进行消费税筹划

　　根据有关税法的规定，纳税人将应税消费品与非应税消费品，以及适用税率不同的应税消费品组成成套消费品销售的，应根据组合产品的销售金额，按应税消费品的最高税率征税。

　　包装物与销售的应税消费品一起出售，就相当于将应税消费品与非应税消费品一起出售,非应税消费品的价值也要作为消费税的计税依据。这样,就比只对销售的应税消费品征收消费税要更多地缴纳消费税,税收负担更重。所以,可以从包装物入手,采取纳税筹划措施。

（1）先销售、后包装

通过先销售、后包装的方式,减少消费税的计税依据,从而达到消费税的纳税筹划目的。下面通过一个案例来分析学习。

| 范例解析 |　先销售后包装的消费税纳税筹划法

某日用化妆品厂为增值税一般纳税人,将一批生产的化妆品对外出售,已知化妆品价值为3.00万元,包装物价值50.00元,随同化妆品一起出售。已知化妆品消费税税率为15%,暂不考虑增值税。

消费税应纳税额=（30 000.00+50.00）×15%=4 507.50（元）

如果先将化妆品出售,然后再进行统一包装,则消费税应纳税额的计税依据变为3.00万元。

消费税应纳税额=30 000.00×15%=4 500.00（元）

从案例计算结果可知,公司在先销售后包装的情况下,消费税应纳税额为4 500.00元,比包装好一同销售的情况可以少缴纳7.50元（4 507.50-4 500.00）。

（2）变"包装物作价出售"为"收取包装物押金"

企业如果想利用包装物节省消费税,还可以将"包装物作价出售"改为"收取包装物押金"的方式。这样,包装物就可以不用随同产品一起销售,也就可以减小消费税的计税依据。

下面以通过一个案例来分析说明。

| 范例解析 |　以收取包装物押金的方式进行消费税纳税筹划

某实木地板生产商2022年1月对外出售一批实木地板,售价18.00万元,其中包括包装物价值0.08万元。已知实木地板的消费税税率为5%,计算消费税应纳税额。

由于包装物与实木地板一同出售，所以需要以18.00万元的价格作为消费税的计税依据。

消费税应纳税额=180 000.00×5%=9 000.00（元）

如果该生产商以收取包装物押金的方式进行出售，则因为包装物不属于应税消费品，且通常最终会收回，所以计算消费税时只以实木地板的价值为计税依据。

消费税应纳税额=（180 000.00−800.00）×5%=8 960.00（元）

由上述案例计算结果可知，将"包装物作价出售"改为"收取包装物押金"的方式进行应税消费品的出售，可以节省40.00元（9 000.00−8 960.00）的消费税。

综上所述，无论是先销售、后包装的方式，还是收取包装物押金的方式，其实质都是将包装物作价出售变为不作价出售，从而减少消费税的计税价格，进一步减少消费税应纳税额。

另外，消费税在政策方面的税收优惠，通常是规定对一些已经缴纳过消费税的应税消费品进行已纳消费税的扣除，实质是避免重复征税。

比如，将外购应税消费品和委托加工收回的应税消费品继续生产应税消费品销售的，可以将外购应税消费品和委托加工应税消费品已缴纳的消费税给予扣除。

一些应税消费品是用外购已缴纳消费品的应税消费品连续生产出来的，在对这些连续生产出来的应税消费品计算征税时，税法规定应按当期生产领用数量，计算准予扣除外购的应税消费品已缴纳的消费税税款。扣除范围包括如下一些：

◆ 外购已税烟丝生产的卷烟。

◆ 外购已税高档化妆品原料生产的高档化妆品。

◆ 外购已税珠宝、玉石原料生产的贵重首饰及珠宝、玉石。

◆ 外购已税鞭炮、焰火原料生产的鞭炮、焰火。

◆ 外购已税杆头、杆身和握把为原料生产的高尔夫球杆。

◆ 外购已税木制一次性筷子原料生产的木制一次性筷子。

◆ 外购已税实木地板原料生产的实木地板。

◆ 外购已税石脑油、润滑油、燃料油为原料生产的成品油。

◆ 外购已税汽油、柴油为原料生产的汽油、柴油。

上述这些情况涉及委托加工收回后继续生产的，也是准予扣除委托加工收回的应税消费品已缴纳的消费税税款。

第6章

所得税与其他税种的纳税筹划

　　企业所得税和其他税种的纳税筹划，可以帮助减轻企业税负。企业经营非常不易，从一般角度来说，企业需要将自身经营获取的利润交出25%，剩下的75%的利润才算是企业经营最终获利部分。因此，所得税和其他税种的纳税筹划工作的重要性也不容小觑。

6.1 企业所得税的纳税筹划方法

企业所得税的纳税筹划方法主要从税收优惠政策入手，通过使企业的经营情况符合税收优惠条件，来享受税收优惠，从而减轻企业所得税税负。

6.1.1 了解企业所得税的减免税规定

在我国企业所得税法的规定中，第四章专门介绍税收优惠。其中，关于减免税的规定内容有如下方面：

（1）免税收入

免税收入指属于企业的应税所得，但按照税法的规定免予征收企业所得税的收入。具体的免税收入范围在本书第 3 章 3.1.2 节的内容中已经做过介绍，这里不再重复说明。下面就以一个简单的例子来学习免税收入对企业所得税的影响。

│ 范例解析 │ 免税收入对企业所得税的节税作用

假设某公司2021年全年实现利润总额为 1 050.00万元，没有发生其他免税收入和不征税收入，也没有发生其他纳税调整事项，企业所得税税率为25%。那么，该公司全年需要缴纳企业所得税是多少呢？

应交企业所得税=1 050.00×25%=262.50（万元）

如果该公司2021年获取的收入总额中，有25.00万元是国债利息收入，属于免税收入，则全年需要缴纳的企业所得税计算如下。

应交企业所得税=（1 050.00-25.00）×25%=256.25（万元）

根据案例计算结果可知，国债利息收入 25.00 万元这一免税收入项目的存在，使得该公司可以少缴纳企业所得税 6.25 万元（262.50-256.25），达到了节税的目的。

因此，如果企业需要进行对外投资，可以购买国债，这样的纳税筹划，可以使得企业获取的国债利息收入免税征收企业所得税，减轻企业税负。

（2）免征、减征企业所得税

企业的五类所得，可以免征、减征企业所得税，具体内容如下：

◆ 从事农、林、牧、渔业项目的所得。

从事农、林、牧、渔业项目的所得，有些免征企业所得税，有些减半征收企业所得税，具体规定见表 6-1。

表 6-1　从事农、林、牧、渔业的税收优惠

类别	所　　得
免征	①从事蔬菜、谷物、薯类、油料、豆类、棉花、麻类、糖类、水果、坚果的种植 ②从事农作物新品种的选育 ③从事中药材的种植 ④从事林木的培育和种植 ⑤从事牲畜、家禽的饲养 ⑥从事林产品的采集 ⑦从事灌溉、农产品初加工、兽医、农技推广、农机作业和维修等农、林、牧、渔服务业项目 ⑧从事远洋捕捞
减半征收	①从事花卉、茶以及其他饮料作物和香料作物的种植 ②从事海水养殖、内陆养殖

◆ 从事国家重点扶持的公共基础设施项目投资经营的所得。

国家重点扶持的公共基础设施项目是指《公共设施项目企业所得税优惠目录》规定的港口码头、机场、铁路、公路、城市公共交通、电力、水利等项目。

企业从事这些国家重点扶持的公共基础设施项目的投资经营所得，自项目取得第一笔生产经营收入所属纳税年度起，第 1 年至第 3 年免征企业所得税，第 4 年至第 6 年减半征收企业所得税。这就是俗称的"三免三减半"税收优惠政策。

注意，企业承包经营、承包建设和内部自建自用的上述项目，不得享受"三免三减半"的税收优惠。

◆ 从事符合条件的环境保护、节能节水项目的所得。

符合条件的环境保护、节能节水项目，包括公共污水处理、公共垃圾处理、沼气综合开发利用、节能减排技术改造以及海水淡化等。这些项目的具体条件和范围由国务院财政、税务主管部门会同国务院有关部门制定，报国务院批准后公布施行。

企业从事上述规定的符合条件的环境保护、节能节水项目的所得，自项目取得第一笔生产经营收入所属纳税年度起，第1年至第3年免征企业所得税，第4年至第6年减半征收企业所得税。

◆ 符合条件的技术转让所得。

符合条件的技术转让所得，是指一个纳税年度内，居民企业技术转让所得不超过500万元的部分，该部分免征企业所得税。而超过500万元的部分，减半征收企业所得税。

这里需要注意，技术转让所得的计算要借助下列计算公式。

技术转让所得＝技术转让收入－技术转让成本－相关税费

| 范例解析 | 居民企业技术转让所得的纳税筹划

某公司为居民企业，2021年共获得利润总额1 120.00万元，适用企业所得税税率25%。

如果不涉及其他适用税收优惠的所得项目，也不存在纳税调整事项，则企业所得税应纳税额的计算如下。

企业所得税应纳税额＝1 120.00×25%＝280.00（万元）

如果该公司的利润总额中包括180.00万元的技术转让所得。由于该技术转让所得不超过500.00万元，所以，全部免征企业所得税。此时，企业所得税应纳税额的计算如下：

企业所得税应纳税额＝（1 120.00－180.00）×25%＝235.00（万元）

由此可见，不超过500.00万元的技术转让所得，直接让公司少缴纳45.00万元（280.00-235.00）的企业所得税。

如果该公司的利润总额中，有510.00万元的技术转让所得。此时计算如下。

企业所得税应纳税额=（1 120.00-500.00）×25%+（510.00-500.00）×25%÷2=156.25（万元）

从案例计算结果可以看出，当技术转让所得尽可能地靠近临界点500.00万元时，就可以更多地减少应缴纳的企业所得税。但是，如果远大于500.00万元，纳税筹划的效果将不明显。

◆　非居民企业所得。

非居民企业在中国境内未设立机构、场所的，或者虽设立机构、场所但取得的所得与其所设机构、场所没有实际联系的所得，按照10%的低税率征收企业所得税。

另外，民族自治地方的自治机关对本民族自治地方的企业应缴纳的企业所得税中属于地方分享的部分，可以决定减征或免征企业所得税。决定免征或减征的，必须报省、自治区、直辖市人民政府批准。

6.1.2　利用特殊企业适用低税率进行筹划

根据《中华人民共和国企业所得税法》的规定：符合条件的小型微利企业，减按20%的税率征收企业所得税；国家需要重点扶持的高新技术企业，减按15%的税率征收企业所得税。

根据《关于落实支持小型微利企业和个体工商户发展所得税优惠政策有关事项的公告》（国家税务总局公告2021年第8号）规定：对小型微利企业年应纳税所得额不超过100万元的部分，减按12.5%计入应纳税所得额，按20%的税率缴纳企业所得税。该规定自2021年1月1日起施行，2022年12月31日终止执行。

由此可见，在一般的税收优惠政策下，国家还会对一些特殊的行业企业进行更细致的税收优惠规定。

| 范例解析 | 小型微利企业的纳税筹划

某公司为小型微利企业，2021年全年应纳税所得额为89.00万元，则全年应缴纳企业所得税多少？

由于公司是小型微利企业，在所处会计期间为2021年，符合减按12.5%计入应纳税所得额的规定，且按20%的税率缴纳企业所得税。因此，应交企业所得税计算如下。

企业所得税应纳税额=890 000.00×12.5%×20%=22 250.00（元）

如果该小型微利公司是2020年全年应纳税所得额为89.00万元，则不符合减按12.5%计入应纳所得额的优惠条件，此时：

企业所得税应纳税额=890 000.00×20%=178 000.00（元）

从案例中的计算结果可以看出，当小型微利企业所处会计期间符合税收优惠条件规定的享受优惠的期间时，可少缴纳155 750.00元（178 000.00－22 250.00）企业所得税税款。

如果该公司2021年全年应纳税所得额为120.00万元，则按照规定，企业所得税的应纳税额计算如下：

企业所得税的应纳税额=1 000 000.00×12.5%×20%+（1 200 000.00－1 000 000.00）×20%=65 000.00（元）

与全年应纳税所得额为89.00万元相比，多缴纳42 750.00元（65 000.00－22 250.00）的企业所得税。

所以，当企业经营时期正好处于税收优惠政策规定的时间范围内，则应尽可能地使应纳税所得额在100.00万元以内，这样可以全额享受减按12.5%计入应纳税所得额的优惠，否则超过100.00万元的部分，就需要直接以实际的应纳税所得乘以适用税率20%，计缴企业所得税。

6.1.3　利用特殊费用加计扣除进行纳税筹划

根据《中华人民共和国企业所得税法》的规定，企业有两类支出，可以在计算应纳税所得额时加计扣除。

①开发新技术、新产品、新工艺发生的研究开发费用。

②安置残疾人员及国家鼓励安置的其他就业人员所支付的工资。

而在一些具体的税收优惠政策中，又规定了更详细的加计扣除办法。如 2021 年 5 月发布的《研发费用税前加计扣除新政指引》规定：除烟草制造业、住宿和餐饮业、批发和零售业、房地产业、租赁和商务服务业、娱乐业以外，其他企业均可享受研发费用加计扣除政策。并且还做了详细的规定说明。

◆　除制造业外的企业研发费用按 75% 加计扣除。

除制造业以外的企业，且不属于烟草制造业、住宿和餐饮业、批发和零售业、房地产业、租赁和商务服务业、娱乐业，其开展研发活动中实际发生的研发费用，未形成无形资产计入当期损益的，在 2023 年 12 月 31 日前，在按规定据实扣除的基础上，再按照实际发生额的 75% 在税前加计扣除；形成无形资产的，在上述期间按照无形资产成本的 175% 在税前摊销。

| 范例解析 |　**非制造业企业利用研发费用加计扣除进行纳税筹划**

某公司 2021 年新研发一个项目，未形成无形资产。已知该项目的研发人员全身心投入研发工作，当年研发费用共 108.00 万元，企业不属于烟草制造业、住宿和餐饮业、批发和零售业、房地产业、租赁和商务服务业、娱乐业，也不是制造业。假设当年会计核算出的应纳税所得额为 2 240.00 万元，不存在其他纳税调整项目，适用企业所得税税率 25%，那么该公司当年应缴纳多少企业所得税？

分析：该公司所处经营期间在研发费用加计扣除优惠政策规定的时间范围内，因此可享受加计扣除 75% 的税收优惠。由于会计上核算出的应纳税所得额是已经扣除了研发费用 108.00 万元的，因此还需要加计扣除 75% 的研发费用，然后得到最终的应纳税所得额，计缴企业所得税。

企业所得税应纳税额＝（2 240.00－108.00×75%）×25%＝539.75（万元）

税后利润＝2 240.00－539.75＝1 700.25（万元）

如果该公司不符合加计扣除的税收优惠规定，则：

企业所得税应纳税额＝2 240.00×25%＝560.00（万元）

税后利润＝2 240.00－560.00＝1 680.00（万元）

从案例计算结果可以看出，让企业符合加计扣除研发费用这一税收优惠规定，比不符合加计扣除研发费用要少缴纳20.25万元（560.00－539.75）的企业所得税税款，最终也就导致企业获取的税后利润更多，多了20.25万元（1 700.25－1 680.00）。

◆ 制造业企业研发费用加计扣除比例提高到100%。

制造业企业开展研发活动中实际发生的研发费用，未形成无形资产计入当期损益的，在按规定据实扣除的基础上，自2021年1月1日起，再按照实际发生额的100%在税前加计扣除；形成无形资产的，自2021年1月1日起，按照无形资产成本的200%在税前摊销。

换句话说，制造业企业开展研发活动中实际发生的研发费用，在规定时间内加计扣除的力度更大，比例为100%。下面就以上一个案例的数据为例，变换公司类型进行学习理解。

| 范例解析 |　制造业企业利用研发费用加计扣除进行纳税筹划

某公司2021年新研发一个项目，未形成无形资产。已知该项目的研发人员全身心投入研发工作，当年研发费用共108.00万元，企业属于制造业。假设当年会计核算出的应纳税所得额为2 240.00万元，不存在其他纳税调整项目，适用企业所得税税率25%，那么该公司当年应缴纳多少企业所得税？

分析：该公司为制造业企业，且所处经营期间在研发费用加计扣除优惠政策规定的时间范围内，因此可享受加计扣除100%的税收优惠。会计上核算出的应纳税所得是已经据实扣除了研发费用108.00万元的，因此还需要加计扣除100%的研发费用，然后得到最终的应纳税所得额，计缴企业所得税。

企业所得税应纳税额=（2 240.00-108.00×100%）×25%=533.00（万元）

税后利润=2 240.00-533.00=1 707.00（万元）

将计算结果进行对比可以发现，制造业企业在更大程度地享受研发费用加计扣除后，比享受加计扣除75%研发费用的企业少缴纳6.75万元（539.75-533.00）的企业所得税，最终也就导致企业获取的税后利润更多，多了6.75万元（1 707.00-1 700.25）。

与不享受加计扣除的情况相比，可以少缴纳27.00万元（560.00-533.00）的企业所得税税款，也就可以多获取27.00万元的税后利润。

这么看来，国家对制造业进行项目研发是提倡的。

知识延伸｜多业经营企业如何判定是否属于制造业企业

根据《研发费用税前加计扣除新政指引》的规定，既有制造业收入，又有其他业务收入的企业，为多业经营企业。

判断多业经营企业是否为制造业企业的方法：以制造业业务为主营业务，享受优惠当年，主营业务收入占收入总额的比例在50%以上的，为制造业企业。制造业收入占收入总额的比例低于50%的，为其他企业。

6.1.4　利用投资抵扣减轻所得税负担

根据《中华人民共和国企业所得税法》的规定，投资抵扣的税收优惠政策主要包括两个方面，一是抵扣应纳税所得额，二是抵免应纳税额。

（1）应纳税所得额抵扣

根据我国企业所得税法的规定，创业投资企业从事国家需要重点扶持和鼓励的创业投资，可以按投资额的一定比例抵扣应纳税所得额。

比如有关规定为：创业投资企业采取股权投资方式投资于未上市的中小高新技术企业两年以上的，可以按照其投资额的70%，在股权持有满两年的当年抵扣该创业投资企业的应纳税所得额；当年不足抵扣的，可以在以后纳税年度结转抵扣。

| 范例解析 | 通过抵扣应纳税所得额进行纳税筹划

某创业投资有限公司在2019年2月向某未上市的小型高新技术企业投资，投资额为500.00万元。已知2021年该创业投资有限公司实现应纳税所得额280.00万元，适用企业所得税税率为25%，没有发生其他纳税调整事项，那么，2021年该公司需要缴纳多少企业所得税呢？

分析：该创业投资有限公司2021年距离2019年投资小型高新技术企业已经满两年，所以2021年当年可以按照规定抵扣应纳税所得额。

2021年可以抵扣的应纳税所得额=500.00×70%=350.00（万元）

由于2021年该创业投资有限公司的应纳税所得额只有280.00万元，因此，这280.00万元全部被抵扣后，还剩余70.00万元（350.00-280.00）待抵扣的应纳税所得额，应结转以后纳税年度抵扣，直至抵扣完为止。

所以，2021年该创业投资有限公司需要缴纳的企业所得税为0.00元，计算如下：

企业所得税应纳税额=（280.00-280.00）×25%=0.00（万元）

如果该公司不符合抵扣应纳税所得额的规定，则需要缴纳的企业所得税计算如下：

企业所得税应纳税额=280.00×25%=70.00（万元）

对比案例中的计算结果可以看出，进行了应纳税所得额的抵扣后，企业2021年不需要缴纳企业所得税，与不进行应纳税所得额抵扣的情况相比，少缴纳70.00万元（70.00-0.00）的企业所得税税款。

由此可见，投资抵扣确实能明显减轻企业的所得税负担。

（2）应纳税额抵免

根据《中华人民共和国企业所得税法》的规定，企业购置用于环境保护、节能节水、安全生产等专用设备的投资额，可以按一定比例实行税额抵免。注意，这里是直接抵免企业所得税税额，而不是应纳税所得额。

比如有关规定：企业购置并实际使用《环境保护专用设备企业所得税优惠目录》《节能节水专用设备企业所得税优惠目录》和《安全生产专用设备企业所得税优惠目录》规定的环境保护、节能节水、安全生产等专用设备的，该专用设备的投资额的 10% 可以从企业当年的应纳税额中抵免；当年不足抵免的，可以在以后 5 个纳税年度结转抵免。

注意，如果企业购置上述专用设备在 5 年内转让、出租的，应当停止享受企业所得税优惠，并补缴已经抵免的企业所得税税款。

以上一个案例的数据为例，改变已知条件，看看应纳税额抵免与应纳税所得额抵扣的区别。

| 范例解析 | 通过抵免应纳税额进行纳税筹划

某公司在2021年购置了4台《安全生产专用设备企业所得税优惠目录》规定的安全生产专用设备并实际投入使用，总投资额为500.00万元。已知2021年该公司实现应纳税所得额280.00万元，适用企业所得税税率为25%，没有发生其他纳税调整事项，那么，2021年该公司需要缴纳多少企业所得税呢？

分析：该公司购买了符合税收优惠政策规定的安全生产专用设备，且实际投入使用，所以符合抵免应纳税额的条件。

待抵免应纳税额=500.00×10%=50.00（万元）

企业所得税应纳税额=280.00×25%-50.00=20.00（万元）

也就是说，该公司2021年最终只需要缴纳20.00万元的企业所得税。

对比两个案例的结果，似乎抵扣应纳税所得额可以让公司更少地缴纳企业所得税。但是，这里还需要考虑的是，抵扣应纳税所得额要在投资满两年的当年才开始抵扣，而抵免应纳税额可以在购置符合条件的专用设备的当年进行抵免。如果考虑货币时间价值，就不一定是抵扣应纳税所得额更能减轻税负了，还需要做进一步分析研究。

实务中，企业采用哪种税收优惠政策来进行纳税筹划，就看自身经营条件符合哪一个税收优惠政策的规定。

6.1.5　利用减计收入方式进行纳税筹划

根据《中华人民共和国企业所得税法》的规定，企业综合利用资源，生产符合国家产业政策规定的产品所取得的收入，可以在计算应纳税所得额时减计收入。

比如有关规定：企业以《资源综合利用企业所得税优惠目录》规定的资源作为主要原材料，生产国家非限制和禁止并符合国家和行业相关标准的产品取得的收入，减按90%计入收入总额。

注意，该规定中的原材料占生产产品材料的比例，不得低于优惠目录规定的标准。

| 范例解析 |　通过减计收入进行纳税筹划

某生物质能发电有限公司利用秸秆、树根等发电，2021年度发生以下经济业务：

①当年取得电力销售收入23 400.00万元，门市对外承包收入60.00万元，政府补助收入225.00万元。

②全年营业成本19 200.00万元，税金及附加174.00万元，管理费用300.00万元，财务费用90.00万元，全年营业外支出232.50万元，准予列支的为225.00万元。

③账面尚有以前年度亏损1 500.00万元，均在5年范围内。

④经审核，公司当年利润总额为3 703.50万元，准予税前扣除管理费用120.00万元，财务费用90.00万元，营业外支出225.00万元。

公司适用企业所得税税率25%，根据上述资料，按步骤进行下列计算与分析。

由于政府补助收入不属于不征税收入，因此在计算应纳税所得额时，要作为营业外收入，计入收入总额中。同时，电力销售收入符合减按90%计入收入总额的税收优惠规定。

2021年应纳税所得额=23 400.00×90%+60.00+225.00-19 200.00-174.00-120.00-90.00-225.00-1 500.00=36.00（万元）

2021年企业所得税应纳税额=36.00×25%=9.00（万元）

在计算应纳税所得额时，"23 400.00×90%"表示的是该发电有限公司电力销售收入符合减按90%计入收入总额的税收优惠条件而确认的计入收入总额的收入额；"60.00"的门市对外承包收入确认为其他业务收入，也要计入收入总额；"225.00"的政府补助收入确认为营业外收入，属于企业所得税征税范围，需要计入收入总额；"120.00"是2021年度准予税前扣除的管理费用；"225.00"是准予列支并税前扣除的营业外支出。

如果该公司不符合减计收入的税收优惠政策的规定，则不能享受该税收优惠，2021年应纳税所得额的计算就会是如下结果。

2021年应纳税所得额=23 400.00+60.00+225.00-19 200.00-174.00-120.00-90.00-225.00-1 500.00=2 376.00（万元）

2021年企业所得税应纳税额=2 376×25%=594.00（万元）

也就是说，当公司符合减计收入的税收优惠政策的规定时，比不符合时少缴纳585.00万元（594.00-9.00）的企业所得税。

因为减计收入的税收优惠政策对适用范围有特殊规定，所以，并不是所有行业企业都能享受到该税收优惠。只有当企业经营情况符合税收优惠政策的规定，才能享受，并为企业减轻所得税税负。

另外需要注意的是，会计上计算净利润时，要以当年所有收入减去所有成本、费用以及企业所得税费用，而不是以应纳税所得额减去企业所得税费用。因此，在该案例所有收入、成本及费用的条件一定的情况下，由于减计收入后只需要缴纳 9.00 万元的企业所得税，比不减计收入少缴纳 585.00 万元的企业所得税，所以减计收入情况下，企业净利润会比不减计收入情况的净利润多 585.00 万元。

6.2 其他税种的税收优惠筹划法

除了增值税、消费税和企业所得税外，其他一些税种也会有一些纳税筹划方法。但因为这些税种在日常经营活动中涉及并不多，所以主要是通过税收优惠政策进行筹划。

6.2.1 关税的税收优惠政策

关税的税收优惠政策包括三个方面：法定性减免税、政策性减免税和临时性减免税。其中，《中华人民共和国海关法》和《中华人民共和国进出口关税条例》中规定的减免税，称为法定性减免税。

（1）法定性减免税

根据《中华人民共和国海关法》规定，下列进出口货物、进出境物品，减征或免征关税：

- ◆ 无商业价值的广告品和货样。
- ◆ 外国政府、国际组织无偿赠送的物资。
- ◆ 在海关放行前遭受损坏或者损失的货物。
- ◆ 规定数额以内的物品。
- ◆ 法律规定减征、免征关税的其他货物、物品。
- ◆ 中华人民共和国缔结或者参加的国际条约规定减征、免征关税的货物、物品。

特定地区、特定企业或者有特定用途的进出口货物，可以减征或者免征关税。特定减税或者免税的范围和办法由国务院规定。

暂时进口或暂时出口的货物，以及特准进口的报税货物，在货物收发货人向海关缴纳相当于税款的保证金或者提供担保后，准予暂时免纳关税。

根据《中华人民共和国进出口关税条例》规定，下列进出口货物免征关税：

◆ 关税税额在人民币 50 元以下的一票货物。

◆ 无商业价值的广告品和货样。

◆ 外国政府、国际组织无偿赠送的物资。

◆ 在海关放行前损失的货物。在海关放行前遭受损坏的货物，可以根据海关认定的受损程度减征关税。

◆ 进出境运输工具装载的途中必需的燃料、物料和饮食用品。

另外，因品质或者规格原因，出口货物自出口之日起一年内原状复运进境的，不征收进口关税，但已征收的出口关税不予退还。

因品质或者规格原因，进口货物自进口之日起一年内原状复运出境的，不征收出口关税，但已经征收的进口关税不予退还。

（2）政策性减免税

关税的政策性减免税规定，主要从国家税务总局官网查看。

比如，《关于支持集成电路产业和软件产业发展进口税收政策的通知》（财关税〔2021〕4 号）规定：下列情形，免征进口关税。

（一）集成电路线宽小于 65 纳米（含，下同）的逻辑电路、存储器生产企业，以及线宽小于 0.25 微米的特色工艺（即模拟、数模混合、高压、射频、功率、光电集成、图像传感、微机电系统、绝缘体上硅工艺）集成电路生产企业，进口国内不能生产或性能不能满足需求的自用生产性（含研发用，下同）原材料、消耗品，净化室专用建筑材料、配套系统和集成电路生产设备（包括进口设备和国产设备）零配件。

（二）集成电路线宽小于0.5微米的化合物集成电路生产企业和先进封装测试企业，进口国内不能生产或性能不能满足需求的自用生产性原材料、消耗品。

（三）集成电路产业的关键原材料、零配件（即靶材、光刻胶、掩模版、封装载板、抛光垫、抛光液、8英寸及以上硅单晶、8英寸及以上硅片）生产企业，进口国内不能生产或性能不能满足需求的自用生产性原材料、消耗品。

（四）集成电路用光刻胶、掩模版、8英寸及以上硅片生产企业，进口国内不能生产或性能不能满足需求的净化室专用建筑材料、配套系统和生产设备（包括进口设备和国产设备）零配件。

（五）国家鼓励的重点集成电路设计企业和软件企业，以及符合本条第（一）、（二）项的企业（集成电路生产企业和先进封装测试企业）进口自用设备，及按照合同随设备进口的技术（含软件）及配套件、备件，但《国内投资项目不予免税的进口商品目录》、《外商投资项目不予免税的进口商品目录》和《进口不予免税的重大技术装备和产品目录》所列商品除外。上述进口商品不占用投资总额，相关项目不需出具项目确认书。

政策性减免税规定不同于法定性减免税规定，它可能在未来的某个时间就取消了，而法定性减免税规定通常都是长期有效的。但它也不同于临时性减免税规定，临时性减免税规定主要是在某一个时间段或某一个活动开展期间颁布的减免税规定。

（3）临时性减免税

关税的临时性减免税规定，也可以从国家税务总局官网查看。

比如，《关于中国国际消费品博览会展期内销售的进口展品税收优惠政策的通知》（财关税〔2021〕32号）规定：全岛封关运作前，对消博会展期内销售的规定上限以内的进口展品免征进口关税、进口环节增值税和消费税。每个展商享受税收优惠政策的展品销售上限按附件规定执行。享受税收优惠政策的展品不包括国家禁止进口商品、濒危动植物及其产品、烟、酒和汽车。

这时，展商可以适当控制自己的销售额，使其在进口展品免征进口关税规定的条件范围内，就可以达到纳税筹划的目的。

6.2.2 房产税与契税的税收优惠筹划法

房产税与契税都是与房屋、土地等不动产权有关的税收，房产税需要每年缴纳，而契税只需要在承受房屋、土地权属时一次性缴纳。

（1）房产税的税收优惠政策

根据《中华人民共和国房产税暂行条例》的规定，下列房产免征房产税：

◆ 国家机关、人民团体、军队自用的房产。

◆ 由国家财政部门拨付事业经费的单位自用的房产。

◆ 宗教寺庙、公园、名胜古迹自用的房产。

◆ 个人所有非营业用的房产。

◆ 经财政部批准免税的其他房产。

但是，国家机关、人民团体、军队自用的房产如果改变用途用于出租，或者非自身业务适用的生产、营业用房，就不属于免税范围。而对于财政部批准免税的其他房产，具体见表6-2。

表 6-2 财政部批准免税的其他房产

条目	免税政策
1	毁损不堪居住的房屋和危险房屋，经有关部门鉴定，在停止使用后，可免征房产税
2	纳税人因房屋大修导致连续停用半年以上的，在房屋大修期间免征房产税
3	在基建工地为基建工地服务的各种工棚、材料棚、休息棚、办公室、食堂、茶炉房和汽车房等临时性房屋，施工期间一律免征房产税。但工程结束后，施工企业将这种临时性房屋交还或估价转让给基建单位的，应从基建单位接收的次月起，照章征收房产税

条目	免税政策
4	对高校学生公寓免征房产税
5	对房管部门经租的居民住房，在房租调整改革之前收取租金偏低的，可暂缓征收房产税
6	对非营利性医疗机构、疾病控制机构和妇幼保健机构等卫生机构自用的房产，免征房产税
7	老年服务机构自用的房产免征房产税。老年服务机构是指专门为老年人提供生活照料、文化、护理和健身等多方面服务的福利性、非营利性的机构，包括老年社会福利院、敬老院（养老院）、老年服务中心、老年公寓、老年护理院以及康复中心和托老所等
8	对公共租赁住房免征房产税
9	国家机关、军队、人民团体、财政补助事业单位、居民委员会、村民委员会拥有的体育场馆，用于体育活动的房产，免征房产税

从前述内容可知，房产税的税收优惠政策，主要是针对一些比较特殊的用房单位和机构，同时针对特殊的用房需求。换句话说，普通的开展经营活动的企业，很少有能享受房产税税收优惠的情况。

但企业也不是完全不能享受到税收优惠，比如《关于延续供热企业增值税 房产税 城镇土地使用税优惠政策的通知》（财税〔2019〕38号）规定：自2019年1月1日至2020年12月31日，对向居民供热收取采暖费的供热企业，为居民供热所使用的厂房及土地免征房产税、城镇土地使用税。按照该规定，符合标准的供热企业，部分厂房及土地就可以免征房产税。

其他不同时期颁布的关于房产税的税收优惠政策，纳税人在进行纳税筹划时，可以进入国家税务总局进行查看。

（2）契税的税收优惠政策

根据《中华人民共和国契税法》的规定，有下列情形之一的，免征契税：

◆ 国家机关、事业单位、社会团体、军事单位承受土地、房屋权属用于办公、教学、医疗、科研和军事设施的。

◆ 非营利性的学校、医疗机构、社会福利机构承受土地、房屋权属用于办公、教学、医疗、科研、养老和救助的。

◆ 承受荒山、荒地、荒滩土地使用权用于农、林、牧、渔业生产的。

◆ 婚姻关系存续期间夫妻之间变更土地、房屋权属的。

◆ 法定继承人通过继承承受土地、房屋权属的。

◆ 依照法律规定应当予以免税的外国驻华使馆、领事馆和国际组织驻华代表机构承受土地、房屋权属的。

另外还有规定，省、自治区、直辖市可以决定对下列情形免征或减征契税：

◆ 因土地、房屋被县级以上人民政府征收、征用，重新承受土地、房屋权属的。

◆ 因不可抗力灭失住房，重新承受住房权属的。

《关于契税法实施后有关优惠政策衔接问题的公告》（财政部 税务总局公告 2021 年第 29 号）还规定：夫妻因离婚分割共同财产发生土地、房屋权属变更的，免征契税。城镇职工按规定第一次购买公有住房的，免征契税。

由此可见，契税的税收优惠政策也是针对一些特殊的单位、机构和一些特殊的承受房屋、土地权属的行为，对于一般的经营性企业来说很难享受到。纳税人如果要进行纳税筹划，可以进入国家税务总局查看是否有契税相关的税收优惠政策，如果有，在合法、合理的前提下使企业符合条件，从而享受税收优惠。

6.2.3　城镇土地使用税与耕地占用税的税收优惠政策

城镇土地使用税和耕地占用税都是与占用土地的行为有关的税种，城镇土地使用税是年缴，而耕地占用税一般在占用耕地时一次性征收。

（1）城镇土地使用税的税收优惠政策

根据《中华人民共和国城镇土地使用税暂行条例》的规定，下列土地免缴土地使用税：

◆ 国家机关、人民团体、军队自用的土地。

◆ 由国家财政部门拨付事业经费的单位自用的土地。

◆ 宗教寺庙、公园、名胜古迹自用的土地。

◆ 市政街道、广场、绿化地带等公共用地。

◆ 直接用于农、林、牧、渔业的生产用地。

◆ 经批准开山填海整治的土地和改造的废弃土地，从使用的月份起免缴土地使用税 5 ~ 10 年。

◆ 由财政部另行规定免税的能源、交通、水利设施用地和其他用地。

注意，如果是新征收的耕地，则从批准征收之日起满一年时开始缴纳城镇土地使用税。因为新征收的耕地，当年需要缴纳耕地占用税，为了减轻企业的税负，所以第一年不征收城镇土地使用税，只征收耕地占用税。这也是一种税收优惠政策。

虽然城镇土地使用税的税收优惠政策几乎也是一些特殊机构、组织，或者特殊行为才可以享受，但是也有一些税收优惠政策是在某个特殊时期颁布的，适用于普通企业。

比如，《关于继续实施物流企业大宗商品仓储设施用地城镇土地使用税优惠政策的公告》（财政部 税务总局公告 2020 年第 16 号）规定：自 2020 年 1 月 1 日起至 2022 年 12 月 31 日止，对物流企业自有（包括自用和出租）或承租的大宗商品仓储设施用地，减按所属土地等级适用税额标准的 50% 计征城镇土地使用税。本公告中"大宗商品仓储设施"和"仓储设施用地"的范围参考公告内容。

| 范例解析 |　城镇土地使用税政策优惠的纳税筹划

某大型生鲜物流公司在A地的配送中心，占地面积共 10 000 平方米，主要用于存储蔬菜、水果和各种肉类。已知当地的城镇土地使用税适用税额为每平方米年税额18.00元。计算2021年该物流公司的配送中心占地需要缴纳的城镇土地使用税税额。

分析：由于该物流公司的配送中心占地面积为10 000平方米，符合城镇土地使用税的税收优惠条件。因此，减按所属土地等级适用税额标准的50%计征城镇土地使用税。

城镇土地使用税应纳税额=10 000×18.00×50%=90 000.00（元）

借：税金及附加　　　　　　　　　　　　90 000.00

　　贷：应交税费——应交城镇土地使用税　　90 000.00

如果该物流公司不符合税收优惠政策的条件，则需要缴纳的城镇土地使用税税额计算如下。

城镇土地使用税应纳税额=10 000×18.00=180 000.00（元）

实际缴纳税款时，编制以下会计分录：

借：税金及附加　　　　　　　　　　　　180 000.00

　　贷：应交税费——应交城镇土地使用税　　180 000.00

从案例中的计算结果可知，当物流公司符合税收优惠政策规定的条件并享受优惠时，比正常缴纳城镇土地使用税时少缴纳90 000.00元（180 000.00-90 000.00）的税款，有效达到了纳税筹划的目的，减轻了企业的税负。另外，由于城镇土地使用税是按年计算、分期缴纳。因此，在实际缴纳税款时，根据实际缴纳的税款金额，编制案例中所示的第二个会计分录。

（2）耕地占用税的税收优惠政策

根据《中华人民共和国耕地占用税法》的规定，一些占用耕地的行为，可享受减免耕地占用税的政策，见表6-3。

表 6-3　耕地占用税的税收优惠政策

条目	减免税政策
1	军事设施、学校、幼儿园、社会福利机构、医疗机构占用耕地，免征耕地占用税
2	铁路线路、公路线路、飞机场跑道、停机坪、港口、航道、水利工程占用耕地，减按每平方米 2 元的税额征收耕地占用税
3	农村居民在规定用地标准以内占用耕地新建自用住宅，按照当地适用税额减半征收耕地占用税。其中，农村居民经批准搬迁，新建自用住宅占用耕地不超过原宅基地面积的部分，免征耕地占用税
4	农村烈士遗属、因公牺牲军人遗属、残疾军人以及符合农村最低生活保障条件的农村居民，在规定用地标准以内新建自用住宅，免征耕地占用税

注意，当军事设施、学校、幼儿园、社会福利机构、医疗机构占用耕地，以及铁路线路、公路线路、飞机场跑道、停机坪、港口、航道、水利工程占用耕地，纳税人改变原占地用途的，不再属于免征或减征耕地占用税的情形，应按照当地适用税额补缴耕地占用税。

我国为了保护耕地，尽可能提高耕地使用率，很少会颁布耕地占用税的税收优惠政策，一般只有符合耕地占用税法的规定的情形，才能享受到规定的税收优惠。

6.2.4　土地增值税与资源税的税收优惠筹划法

土地增值税与房屋和土地使用权转让有关，它是对转让房地产所取得的增值额征收的一种税。而资源税的征收主要与我国矿产品和盐的开采与生产有关。

（1）土地增值税的税收优惠政策

根据《中华人民共和国土地增值税暂行条例》的规定，有下列情形之一的，免征土地增值税：

◆ 纳税人建造普通标准住宅出售，增值额未超过扣除项目金额20%的。

◆ 因国家建设需要依法征收、收回的房地产。

需要注意的是，纳税人建造普通标准住宅出售的，如果增值额超过扣除项目金额20%，应按全部增值额缴纳土地增值税，而不是按超过部分缴纳。

也就是说，当房地产开发企业建造普通标准住宅进行出售，只要在合法、合理的情况下使得销售房产所取得的增值额不超过扣除项目金额的20%，就可以享受免征土地增值税的税收优惠。

或者是其他企业，因为国家建设需要而征收、收回的房地产，企业将房地产出售并由此取得相应收入，可享受免征土地增值税的税收优惠。

（2）资源税的税收优惠政策

根据《中华人民共和国资源税法》的规定，有下列情形之一的，免征资源税：

◆ 开采原油以及在油田范围内运输原油过程中用于加热的原油、天然气。

◆ 煤炭开采企业因安全生产需要抽采的煤成（层）气。

有下列情形之一的，减征资源税：

◆ 从低丰度油气田开采的原油、天然气，减征20%资源税。

◆ 高含硫天然气、三次采油和从深水油气田开采的原油、天然气，减征30%资源税。

◆ 稠油、高凝油减征40%资源税。

◆ 从衰竭期矿山开采的矿产品，减征30%资源税。

有下列情形之一的，省、自治区、直辖市可以决定免征或减征资源税：

◆ 纳税人开采或者生产应税产品过程中，因意外事故或者自然灾害等原因遭受重大损失。

◆ 纳税人开采共伴生矿、低品位矿、尾矿。

纳税人通过经营符合税收优惠条件的资源开采业务，就可以享受税收优惠，进而达到纳税筹划的目的，为企业减轻税负。

另外,我国税务总局还对一些特殊的行为在某一段时间实行税收优惠,比如《关于继续执行的资源税优惠政策的公告》(财政部 税务总局公告 2020 年第 32 号)规定:自 2014 年 12 月 1 日至 2023 年 8 月 31 日,对充填开采置换出来的煤炭,资源税减征 50%。

6.2.5　车辆购置税与车船税的税收优惠政策

车辆购置税与应税车辆有关,车船税与应税车辆和船舶有关,这两种税同样有一些税收优惠政策。

（1）车辆购置税的税收优惠政策

根据《中华人民共和国车辆购置税法》的规定,下列车辆免征车辆购置税:

◆ 依照法律规定应当予以免税的外国驻华使馆、领事馆和国际组织驻华机构及其有关人员自用的车辆。

◆ 中国人民解放军和中国人民武装警察部队列入装备订货计划的车辆。

◆ 悬挂应急救援专用号牌的国家综合性消防救援车辆。

◆ 设有固定装置的非运输专用作业车辆。

◆ 城市公交企业购置的公共汽电车辆。

由此可见,企业如果拥有符合上述情况的车辆,就可以免征车辆购置税。其中,企业可以进行纳税筹划的是第 4 点,实务中,购买时尽可能购买《免征车辆购置税的设有固定装置的非运输专用作业车辆目录》规定的车辆。

（2）车船税的税收优惠政策

根据《中华人民共和国车船税法》的规定,下列车船免征车船税:

◆ 捕捞、养殖渔船。

◆ 军队、武装警察部队专用的车船。

◆ 警用车船。

◆ 悬挂应急救援专用号牌的国家综合性消防救援车辆和国家综合性消防救援专用船舶。

◆ 依照法律规定应当予以免税的外国驻华使领馆、国际组织驻华代表机构及其有关人员的车船。

另外，对节约能源、使用新能源的车船可以减征或者免征车船税；对受严重自然灾害影响导致纳税困难以及有其他特殊原因确需减税、免税的，可以减征或者免征车船税。省、自治区、直辖市人民政府根据当地实际情况，可以对公共交通车船、农村居民拥有并主要在农村地区使用的摩托车、三轮汽车和低速载货汽车定期减征或者免征车船税。

很显然，纳税人使用符合上述税收优惠政策规定的车船时，就可以获得减免税的优惠，进而达到纳税筹划目的。

6.2.6 印花税与环保税的税收优惠政策

根据最新的《中华人民共和国印花税法》的规定，下列凭证免征印花税：

◆ 应税凭证的副本或者抄本。

◆ 依照法律规定应当予以免税的外国驻华使馆、领事馆和国际组织驻华代表机构为获得馆舍书立的应税凭证。

◆ 中国人民解放军、中国人民武装警察部队书立的应税凭证。

◆ 农民、家庭农场、农民专业合作社、农村集体经济组织、村民委员会购买农业生产资料或者销售农产品书立的买卖合同和农业保险合同。

◆ 无息或者贴息借款合同、国际金融组织向中国提供优惠贷款书立的借款合同。

◆ 财产所有权人将财产赠予政府、学校、社会福利机构、慈善组织书立的产权转移书据。

◆ 非营利性医疗卫生机构采购药品或者卫生材料书立的买卖合同。

◆ 个人与电子商务经营者订立的电子订单。

根据《中华人民共和国环境保护税法》的规定，下列情形，暂予免征环境保护税。具体内容可进入中国人大网官网的国家法律法规数据库查看：

◆ 农业生产（不包括规模化养殖）排放应税污染物的。

◆ 机动车、铁路机车、非道路移动机械、船舶和航空器等流动污染源排放应税污染物的。

◆ 依法设立的城乡污水集中处理、生活垃圾集中处理场所排放相应应税污染物，不超过国家和地方规定的排放标准的。

◆ 纳税人综合利用的固体废物，符合国家和地方环境保护标准的。

◆ 国务院批准免税的其他情形。

第⑦章

增值税、消费税和附加税费的纳税申报

在学习了如何算税，如何进行纳税筹划之后，财会人员还需要了解的是纳税实务工作，即怎么纳税，怎么填写纳税申报表等。只有了解了具体的缴纳税款的工作流程，才能避免走重复的流程，进而提高办税工作的效率。实务中，增值税、消费税是典型的流转税，它们的附加税费通常也会随之共同进行纳税申报。

7.1 增值税、消费税和附加税费的征收管理

增值税是我国 18 个税种中比较大的税种；消费税是对特殊的应税消费品征收的税，征税范围也比较广。而与增值税和消费税有密切关联的几种附加税费，通常都要在进行增值税和消费税纳税申报的同时进行纳税申报。因此，本章就对这些税种进行税收征收管理规定和纳税申报的统一介绍。

7.1.1 增值税的纳税义务发生时间及纳税期限

根据《中华人民共和国增值税暂行条例》的规定，增值税纳税义务发生时间的确定主要有下列两大类。

◆ 发生应税销售行为，为收讫销售款项或者取得索取销售款项凭据的当天；先开具发票的，为开具发票的当天。

◆ 进口货物，为报关进口的当天。

另外，增值税扣缴义务发生时间为纳税人增值税纳税义务发生的当天。

在上述第一类纳税义务发生时间的确定中，又会因为销售方式的不同而存在差异，具体见表 7-1。

表 7-1 不同销售方式下的增值税纳税义务发生时间

销售方式	纳税义务发生时间
采取直接收款方式销售货物	不论货物是否发出，均为收到销售款或取得索取销售款凭据的当天
采取托收承付和委托银行收款方式销售货物	为发出货物并办妥托收手续的当天
采取赊销和分期收款方式销售货物	为书面合同约定的收款日期的当天；无书面合同或书面合同没有约定收款日期的，为货物发出的当天
采取预收款方式销售货物	为货物发出的当天；但生产销售生产工期超过 12 个月的大型机械设备、船舶、飞机等货物，为收到预收款或书面合同约定的收款日期的当天

续表

销售方式	纳税义务发生时间
委托其他纳税人代销货物	为收到代销单位的代销清单或收到全部或部分货款的当天；未收到代销清单及货款的，为发出代销货物满 180 天的当天
纳税人提供租赁服务采取预收款方式的	为收到预收款的当天
纳税人从事金融商品转让的	为金融商品所有权转移的当天
纳税人发生相关视同销售货物行为	为货物移送的当天
纳税人发生视同销售劳务、服务、无形资产、不动产情形的	为劳务、服务、无形资产转让完成的当天，或是不动产权属变更的当天

根据《中华人民共和国增值税暂行条例》及其实施细则的规定，增值税的纳税期限分别为 1 日、3 日、5 日、10 日、15 日、1 个月或者 1 个季度。纳税人的具体纳税期限，由主管税务机关根据纳税人应纳税额的大小分别核定；不能按照固定期限纳税的，可以按次纳税。

其中，以一个季度为纳税期限的规定，通常适用于小规模纳税人、银行、财务公司、信托投资公司、信用社以及财政部和国家税务总局规定的其他纳税人。

纳税人以一个月或一个季度为一个纳税期的，自期满之日起 15 日内申报纳税；以 1 日、3 日、5 日、10 日或者 15 日为 1 个纳税期的，自期满之日起 5 日内预缴税款，于次月 1 日起 15 日内申报纳税并结清上月应纳税款。扣缴义务人解缴税款的期限，依照前述规定执行。纳税人进口货物，应自海关填发海关进口增值税专用缴款书之日起 15 日内缴纳税款。

关于增值税退税的一些时间期限，具体可以参考《中华人民共和国增值税暂行条例》及其实施细则的内容。

7.1.2　增值税的纳税地点的规定

《中华人民共和国增值税暂行条例》规定了增值税的四类纳税地点。

◆ 固定业户。

固定业务应向其机构所在地的主管税务机关申报纳税。总机构和分支机构不在同一县（市）的，应分别向各自所在地的主管税务机关申报纳税。经国务院财政、税务主管部门或者其授权的财政、税务机关批准，可以由总机构汇总，向总机构所在地的主管税务机关申报纳税。

◆ 固定业户到外县（市）销售货物或劳务的。

固定业户到外县（市）销售货物或劳务的，应向其机构所在地的主管税务机关报告外出经营事项，并向其机构所在地主管税务机关申报纳税；未报告的，应向销售地或劳务发生地的主管税务机关申报纳税；未向销售地或劳务发生地主管税务机关申报纳税的，由其机构所在地的主管税务机关补征税款。

◆ 非固定业户。

非固定业务销售货物或劳务的，应向销售地或劳务发生地的主管税务机关申报纳税；未向销售地或劳务发生地主管税务机关申报纳税的，由其机构所在地或居住地的主管税务机关补征税款。

◆ 进口货物。

纳税人进口货物的，应向其机构所在地海关申报纳税。

另外，其他个人提供建筑服务、销售或租赁不动产、转让自然资源使用权等，应向建筑服务发生地、不动产所在地、自然资源所在地主管税务机关申报纳税。

扣缴义务人应向其机构所在地或居住地的主管税务机关申报缴纳其扣缴的税款。

7.1.3　消费税的纳税义务发生时间及纳税期限

根据《中华人民共和国消费税暂行条例》及其实施细则的规定，消费税的纳税义务发生时间的确定要从四个方面区分。

①纳税人生产应税消费品的，在纳税人销售时纳税，但具体的纳税义务发生时间还需要按照不同的销售结算方式进行确定。

②纳税人自产自用应税消费品的，纳税义务发生时间为移送使用应税消费品的当天。

③纳税人委托加工应税消费品的，纳税义务发生时间为纳税人提货的当天。

④纳税人进口应税消费品的，纳税义务发生时间为报关进口的当天。

其中，第①点对应的不同销售结算方式的纳税义务发生时间的确定，内容见表 7-2。

表 7-2　不同销售结算方式下的消费税纳税义务发生时间

销售方式	纳税义务发生时间
采取赊销和分期收款结算方式的	为书面合同约定的收款日期的当天；书面合同没有约定收款日期或没有书面合同的，为发出应税消费品的当天
采取预收款结算方式的	为发出应税消费品的当天
采取托收承付和委托银行收款方式的	为发出应税消费品并办妥托收手续的当天
采取其他结算方式的	为收讫销售款或取得索取销售款凭据的当天

根据《中华人民共和国消费税暂行条例》及其实施细则的规定，消费税的纳税期限分别为 1 日、3 日、5 日、10 日、15 日、1 个月或者 1 个季度。纳税人的具体纳税期限，由主管税务机关根据纳税人应纳税额的大小分别核定；不能按照固定期限纳税的，可以按次纳税。

纳税人以一个月或一个季度为一个纳税期的，自期满之日起 15 日内申报纳税；以 1 日、3 日、5 日、10 日或者 15 日为 1 个纳税期的，自期满之日起 5 日内预缴税款，于次月 1 日起 15 日内申报纳税并结清上月应纳税款。纳税人进口应税消费品，应当自海关填发海关进口消费税专用缴款书之日起 15 日内缴纳税款。

由此可见，消费税的纳税期限的规定与增值税的相同。

7.1.4　消费税的纳税地点规定

根据《中华人民共和国消费税暂行条例》及其实施细则的规定可知，消费税的纳税地点见表 7-3。

表 7-3　消费税的纳税地点

情　　形	纳税地点
纳税人销售的应税消费品以及自产自用应税消费品	除国务院财政、税务主管部门另有规定外，应向纳税人机构所在地或居住地的税务机关申报纳税
纳税人委托加工的应税消费品	除受托方为个人外，由受托方向其机构所在地或居住地的税务机关解缴消费税税款；受托方为个人的，由委托方向其机构所在地的税务机关申报纳税
进口的应税消费品	由进口人或其代理人向报关地海关申报纳税，即进口的应税消费品的消费品由海关代征
纳税人到外县（市）销售或委托外县（市）代销自产应税消费品的	在应税消费品销售后，纳税人向其机构所在地或居住地的税务机关申报纳税
纳税人的总机构与分支机构不在同一县（市）的	应分别向各自机构所在地的税务机关申报纳税 纳税人的总机构与分支机构不在同一县（市），但在同一省（自治区、直辖市）范围内的，经省（自治区、直辖市）财政厅（局）、税务局审批同意，可以由总机构汇总向总机构所在地的税务机关申报纳税
个人携带或邮寄进境的应税消费品	消费税连同关税一并计征，即纳税地点为进口海关处

除此以外，一些应税消费品退货和消费税退税、补税的操作，也可能涉及地点的规定。

◆ 纳税人销售的应税消费品，如果因为质量等原因由购买者退回时，经纳税人机构所在地或居住地的税务机关审核批准后，可退还已经缴纳的消费税税款。

◆ 出口的应税消费品办理退税后，发生退关，或者国外退货进口时予以免税的，报关出口者必须及时向其机构所在地或居住地税务机关申报补缴已退还的消费税税款。

◆ 纳税人直接出口的应税消费品办理免税后，发生退关或国外退货，进口时已予以免税的，经纳税人机构所在地或居住地税务机关批准，可暂不办理补税，待其转为国内销售时，再申报补缴消费税。

7.1.5　附加税费的征收管理规定

附加税费是指增值税和消费税的附加税费，包括城市维护建设税、教育费附加和地方教育附加。

根据《中华人民共和国城市维护建设税法》以及《征收教育费附加的暂行规定》等的规定可知，城市维护建设税和教育费附加、地方教育附加的纳税义务发生时间为缴纳增值税、消费税的当天。

同理，城市维护建设税与教育费附加、地方教育附加的扣缴义务发生时间为扣缴增值税、消费税的当天。

城市维护建设税的纳税期限，主要是按月或按季计征；不能按前述固定期限计征的，可以按次计征。实行按月或按季计征的，纳税人应在月度或季度终了之日起 15 日内申报纳税；实行按次计征的，纳税人应在纳税义务发生之日起 15 日内申报纳税。扣缴义务人解缴税款的期限依照前述规定执行。

教育费附加和地方教育附加则分别与增值税、消费税同时申报纳税。

城市维护建设税、教育费附加和地方教育附加的纳税地点，为实际缴纳增值税、消费税的地点。扣缴义务人应向其机构所在地或居住地的主管税务机关申报缴纳其扣缴的税款。有特殊情况的，按照下列原则和办法确定纳税地点。

◆ 代扣代缴、代收代缴增值税、消费税的单位和个人，同时也是城市维护建设税、教育费附加和地方教育附加的代扣代缴、代收代缴义务人，其纳税地点为代扣代收地。

◆ 对于流动经营等无固定纳税地点的单位和个人，应随同增值税、消费税在经营地纳税。

7.2 增值税、消费税和附加税费的申报缴纳

了解了增值税、消费税和附加税费的征收管理规定，那么实务中企业办税人员究竟该如何申报纳税呢？

7.2.1 增值税的预缴申报工作

从字面意思理解，增值税预缴申报就是在纳税义务发生之前申请预先缴纳增值税税款。经济市场中，并不是所有企业都需要进行增值税预缴申报，需要进行预缴增值税的情形包括四大类，见表 7-4。

表 7-4 增值税预缴申报的情形

服 务	情 形
提供建筑服务	①跨县（市、区）提供建筑服务，注意，纳税人在同一地级行政区范围内跨县（市、区）提供建筑服务的不适用②提供建筑服务取得预收款
不动产经营租赁	纳税人出租的不动产，其所在地与机构所在地不在同一县（市、区）的

续表

服　务	情　形
转让不动产	①一般纳税人和小规模纳税人转让其取得（不含自建）的不动产 ②个体工商户转让其购买的住房，按规定全额缴纳增值税的，或者按规定差额缴纳增值税的 注意，房地产开发企业销售自行开发的房地产项目不适用预缴增值税的规定
销售房地产	①房地产开发企业采取预收款方式销售所开发的房地产项目 ②房地产开发企业中的一般纳税人销售自行开发的房地产老项目，适用一般计税方法计税的

根据国家税务总局官网的办税指南中的说明，纳税人（不含其他个人）跨地（市、州）提供建筑服务、房地产开发企业预售自行开发的房地产项目、纳税人（不含其他个人）出租与机构所在地不在同一县（市）的不动产等，按规定需要在项目所在地或不动产所在地主管税务机关预缴税款的，填报《增值税及附加税费预缴表》和其他相关资料，向税务机关进行纳税申报。如图 7-1 所示的是增值税及附加税费预缴表。

增值税及附加税费预缴表

税款所属时间：　　年　月　日至　　年　月　日

纳税人识别号（统一社会信用代码）：□□□□□□□□□□□□□□□□□□　　　　是否适用一般计税方法是 □ 否 □

纳税人名称：　　　　　　　　　　　　　　　　　　　　　　　　金额单位：元（列至角分）

项目编号：　　　　　　　项目名称：

项目地址：

预征项目和栏次		销售额 1	扣除金额 2	预征率 3	预征税额 4
建筑服务	1				
销售不动产	2				
出租不动产	3				
	4				
	5				
合计	6				
附加税费					
城市维护建设税实际预缴税额			教育费附加实际预缴费额		地方教育附加 实际预缴费额

声明：此表是根据国家税收法律法规及相关规定填写的，本人（单位）对填报内容（及附带资料）的真实性、可靠性、完整性负责。

纳税人（签章）：　　　　　　　年　月　日

经办人：　　　　　　　　　　　　　　　　受理人：
经办人身份证号：
代理机构签章：　　　　　　　　　　　　　受理税务机关（章）：
代理机构统一社会信用代码：　　　　　　　受理日期：　　年　月　日

图 7-1　增值税及附加税费预缴表

如果这些纳税人是跨县（市、区）提供建筑服务的，还需要在预缴申报时提供以下三种材料：

◆ 与发包方签订的建筑合同复印件（加盖纳税人公章）一份。

◆ 与分包方签订的分包合同复印件（加盖纳税人公章）一份。

◆ 从分包方取得的发票复印件（加盖纳税人公章）一份。

纳税人可通过办税服务厅（场所）、电子税务局办理，具体地点和网址可从省（自治区、直辖市和计划单列市）税务局网站"纳税服务"栏目查询。

企业办理增值税预缴申报手续是不收费的，文书表单也可以在省（自治区、直辖市和计划单列市）税务局网站"下载中心"栏目查询下载，或到办税服务厅领取。其他一些注意事项如下所示。

①纳税人提供的各项资料为复印件的，均需注明"与原件一致"并签章。

②纳税人使用《增值税及附加税费预缴表》在异地办理预缴税款时，应填报注册地纳税人识别号。

③纳税人未按规定的期限办理纳税申报和报送纳税资料的，将影响纳税信用评价结果，并依照《中华人民共和国税收征收管理法》有关规定承担相应法律责任。

7.2.2　不同纳税人身份的增值税申报

在我国，不同纳税人身份的企业在进行增值税纳税申报时，需要填写的表单存在差异。

（1）增值税一般纳税人

增值税一般纳税人依照税收法律、法规、规章及其他有关规定，在规定的纳税期限内填报《增值税及附加税费申报表（一般纳税人适用）》、附列资料及其他相关资料，向税务机关进行纳税申报。

如图7-2所示的是增值税及附加税费申报表（一般纳税人适用）。

增值税及附加税费申报表

(一般纳税人适用)

根据国家税收法律法规及增值税相关规定制定本表。纳税人不论有无销售额，均应按税务机关核定的纳税期限填写本表，并向当地税务机关申报。

税款所属时间：自　年　月　日至　年　月　日　　　填表日期：　年　月　日　　　金额单位：元(列至角分)

纳税人识别号(统一社会信用代码)：□□□□□□□□□□□□□□□□□□□□　　　　所属行业：

纳税人名称		法定代表人姓名		注册地址		生产经营地址	
开户银行及账号			登记注册类型			电话号码	

项　目		栏次	一般项目		即征即退项目	
			本月数	本年累计	本月数	本年累计
销售额	(一)按适用税率计税销售额	1				
	其中：应税货物销售额	2				
	应税劳务销售额	3				
	纳税检查调整的销售额	4				
	(二)按简易办法计税销售额	5				
	其中：纳税检查调整的销售额	6				
	(三)免、抵、退办法出口销售额	7		——	——	——
	(四)免税销售额	8			——	——
	其中：免税货物销售额	9			——	——
	免税劳务销售额	10			——	——
税款计算	销项税额	11				
	进项税额	12				
	上期留抵税额	13				
	进项税额转出	14				
	免、抵、退应退税额	15				
	按适用税率计算的纳税检查应补缴税额	16				
	应抵扣税额合计	17=12+13-14-15+16		——		——
	实际抵扣税额	18(如17<11，则为17，否则为11)				
	应纳税额	19=11-18				
	期末留抵税额	20=17-18				
	简易计税办法计算的应纳税额	21				
	按简易计税办法计算的纳税检查应补缴税额	22				
	应纳税额减征额	23				
	应纳税额合计	24=19+21+23				
税款缴纳	期初未缴税额(多缴为负数)	25				
	实收出口开具专用缴款书退税额	26			——	——
	本期已缴税额	27=28+29+30+31				
	①分次预缴税额	28		——		——
	②出口开具专用缴款书预缴税额	29		——	——	——
	③本期缴纳上期应纳税额	30				
	④本期缴纳欠缴税额	31				
	期末未缴税额(多缴为负数)	32=24+25+26-27				
	其中：欠缴税额(≥0)	33=25+26+27		——		——
	本期应补(退)税额	34=24-28-29				
	即征即退实际退税额	35	——	——		
	期初未缴查补税额	36			——	——
	本期入库查补税额	37			——	——
	期末未缴查补税额	38=16+22+36-37			——	——
附加税费	城市维护建设税本期应补(退)税额	39			——	——
	教育费附加本期应补(退)费额	40			——	——
	地方教育附加本期应补(退)费额	41			——	——

声明：此表是根据国家税收法律法规及相关规定填写的，本人(单位)对填报内容(及附带资料)的真实性、可靠性、完整性负责。

納税人(签章)：　　　　　年　月　日

经办人： 经办人身份证号： 代理机构签章： 代理机构统一社会信用代码：	受理人： 受理税务机关(章)：　　　　受理日期：　年　月　日

图 7-2　增值税及附加税费申报表(一般纳税人适用)

增值税一般纳税人填报《增值税及附加税费申报表（一般纳税人适用）》、附列资料及其他相关资料的说明，可以参考国家税务总局公告 2021 年第 20 号《关于增值税 消费税与附加税费申报表整合有关事项的公告》的相关附件《增值税及附加税费申报表（一般纳税人适用）》及其附列资料填写说明。

办税指南还指出，一般纳税人有下列情形的，还应提供相应材料。

① 2015 年 4 月 1 日起使用增值税发票系统升级版的，按照有关规定不使用网络办税或不具备网络条件的特定纳税人，需要提供金税盘、税控盘或 Ukey。

②海关回函结果为"有一致的入库信息"的海关缴款书，需要提供《海关缴款书核查结果通知书》一份。

③辅导期一般纳税人，需要提供《稽核结果比对通知书》一份。

④各类汇总纳税企业，需要提供分支机构增值税汇总纳税信息传递单一份。

⑤增值税一般纳税人发生代扣代缴事项，需要提供《代扣代缴税收通用缴款书抵扣清单》一份。

⑥纳税人取得的符合抵扣条件且在本期申报抵扣的相关凭证，需要提供增值税专用发票（含税控机动车销售统一发票）的抵扣联一份，或者是海关进口增值税专用缴款书、购进农产品取得的普通发票的复印件，或者是税收完税凭证及其清单、书面合同、付款证明和境外单位的对账单或发票，抑或是已开具的农产品收购凭证的存根联或报查联。

其他还有一些特殊情形需要另外提供相应材料，具体可进入国家税务总局办税服务栏查看。

（2）增值税小规模纳税人

增值税小规模纳税人依照税收法律、法规、规章及其他有关规定，在规定的纳税期限内填报《增值税及附加税费申报表（小规模纳税人适用）》、附列资料和其他相关资料，向税务机关进行纳税申报。如图 7-3 所示的是增值税及附加税费申报表（小规模纳税人适用）。

增值税及附加税费申报表

（小规模纳税人适用）

纳税人识别号(统一社会信用代码)：□□□□□□□□□□□□□□□□□□□□□

纳税人名称：

金额单位：元（列至角分）

税款所属期：　年 月 日至　　年 月 日　　　　　　　　　　填表日期：　年 月 日

	项　目	栏次	本期数		本年累计	
			货物及劳务	服务、不动产和无形资产	货物及劳务	服务、不动产和无形资产
一、计税依据	（一）应征增值税不含税销售额（3%征收率）	1				
	增值税专用发票不含税销售额	2				
	其他增值税发票不含税销售额	3				
	（二）应征增值税不含税销售额（5%征收率）	4		——		——
	增值税专用发票不含税销售额	5				
	其他增值税发票不含税销售额	6				
	（三）销售使用过的固定资产不含税销售额	7(7≥8)		——		——
	其中：其他增值税发票不含税销售额	8		——		——
	（四）免税销售额	9=10+11+12				
	其中：小微企业免税销售额	10				
	未达起征点销售额	11				
	其他免税销售额	12				
	（五）出口免税销售额	13(13≥14)				
	其中：其他增值税发票不含税销售额	14				
二、税款计算	本期应纳税额	15				
	本期应纳税额减征额	16				
	本期免税额	17				
	其中：小微企业免税额	18				
	未达起征点免税额	19				
	应纳税额合计	20=15-16				
	本期预缴税额	21		——	——	
	本期应补（退）税额	22=20-21				
三、附加税费	城市维护建设税本期应补（退）税额	23				
	教育费附加本期应补（退）费额	24				
	地方教育附加本期应补（退）费额	25				

声明： 此表是根据国家税收法律法规及相关规定填写的，本人（单位）对填报内容（及附带资料）的真实性、可靠性、完整性负责。

纳税人（签章）：　　　　　　年 月 日

经办人： 经办人身份证号： 代理机构签章： 代理机构统一社会信用代码：	受理人： 受理税务机关（章）： 受理日期：　　年 月 日

图 7-3　增值税及附加税费申报表（小规模纳税人适用）

同样，小规模纳税人填报《增值税及附加税费申报表（小规模纳税人适用）》、附列资料及其他相关资料的说明，可以参考国家税务总局公告2021年第20号《关于增值税 消费税与附加税费申报表整合有关事项的公告》的相关附件《增值税及附加税费申报表（小规模纳税人适用）》及其附列资料填写说明。

办税指南还指出，小规模纳税人有下列情形的，还应提供相应材料：

①机动车经销企业的纳税人，还需要提供已开具发票的存根联一份。

②2015年4月1日起使用增值税发票系统升级版的，按照有关规定不使用网络办税或不具备网络条件的纳税人，还需要提供金税盘、税控盘或UKey。

③实行预缴方式缴纳增值税的电力产品增值税纳税人，还需要提供电力企业增值税销项税额和进项税额传递单一份。

无论是增值税一般纳税人还是小规模纳税人，进行增值税纳税申报时，纳税地点与进行增值税预缴申报的地方相同，办理机构为企业所在地主管税务机关。

另外还需要注意，一些特殊的行业企业进行增值税纳税申报，填写的表格是特殊的。比如合作油（气）田的纳税人，依照税收法律、法规、规章及其他有关规定，在规定纳税期限内填报的是《原油天然气增值税申报表》及其他相关资料，向税务机关进行原油、天然气增值税纳税申报。

7.2.3　消费税的申报流程及工作内容

根据办税指南的说明，在中华人民共和国境内生产、委托加工和进口规定的消费品的单位和个人，以及国务院确定的销售规定的消费品的其他单位和个人，依据相关税收法律、法规、规章及其他有关规定，在规定的纳税申报期限内填报《消费税及附加税费申报表》和其他相关资料，向税务机关进行纳税申报。如图7-4所示的是消费税及附加税费申报表。

消费税及附加税费申报表

税款所属期：自 年 月 日至 年 月 日

纳税人识别号(统一社会信用代码)：□□□□□□□□□□□□□□□□□□□□

纳税人名称： 金额单位：人民币元（列至角分）

项目 应税 消费品名称	适用税率		计量单位	本期销售数量	本期销售额	本期应纳税额
	定额税率	比例税率				
	1	2	3	4	5	6=1×4+2×5
合计						

	栏次	本期税费额
本期减（免）税额	7	
期初留抵税额	8	
本期准予扣除税额	9	
本期应扣除税额	10=8+9	
本期实际扣除税额	11[10<（6-7），则为10,否则为6-7]	
期末留抵税额	12=10-11	
本期预缴税额	13	
本期应补（退）税额	14=6-7-11-13	
城市维护建设税本期应补（退）税额	15	
教育费附加本期应补（退）费额	16	
地方教育附加本期应补（退）费额	17	

声明：此表是根据国家税收法律法规及相关规定填写的，本人（单位）对填报内容（及附带资料）的真实性、可靠性、完整性负责。

纳税人（签章）： 年 月 日

经办人： 经办人身份证号： 代理机构签章： 代理机构统一社会信用代码：	受理人： 受理税务机关（章）： 受理日期： 年 月 日

图 7-4 消费税及附加税费申报表

关于《消费税及附加税费申报表》和其他相关资料的填报，可参考国家税务总局公告 2021 年第 20 号《关于增值税 消费税与附加税费申报表整合有关事项的公告》的相关附件《消费税及附加税费申报表》具体内容。

无论是哪种应税消费品，在进行消费税纳税申报时，都要填报《消费税及附加税费申报表》，而不同的应税消费品还需要报送不同的资料，具体见表7-5。

表 7-5　不同应税消费品需要提供的消费税纳税申报资料

应税消费品	需要报送的资料
烟类应税消费品	①外购已税烟丝用于连续生产卷烟的纳税人，还应报送外购应税消费品增值税专用发票抵扣联复印件一份，或外购应税消费品增值税专用发票（汇总填开）销货清单复印件一份 ②委托加工收回已税烟丝用于连续生产卷烟的纳税人，以及委托方以高于受托方的计税价格出售应税消费品时，还应报送《代扣代缴税款凭证》复印件一份 ③进口已税烟丝用于连续生产卷烟的纳税人，还应报送《海关进口消费税专用缴款书》复印件一份
酒类应税消费品	①白酒生产企业，还应报送《已核定最低计税价格白酒清单》一份 ②委托方以高于受托方的计税价格出售应税消费品时，还应报送《代扣代收税款凭证》复印件一份
成品油	①外购已税汽油、柴油、石脑油、燃料油、润滑油用于连续生产应税成品油的纳税人，还应报送外购应税消费品增值税专用发票抵扣联复印件一份和外购应税消费品增值税专用发票（汇总填开）销货清单复印件一份 ②委托加工收回已税汽油、柴油、石脑油、燃料油、润滑油用于连续生产应税成品油的纳税人，还应报送《代扣代收税款凭证》复印件一份 ③进口已税汽油、柴油、石脑油、燃料油、润滑油用于连续生产应税成品油的纳税人，还应报送《海关进口消费税专用缴款书》复印件一份 ④石脑油、燃料油生产企业，还应报送《生产企业销售含税石脑油、燃料油完税情况明细表》一份等
小汽车、电池、涂料	委托方以高于受托方的计税价格出售应税消费品时，还应报送《代扣代收税款凭证》复印件一份

企业办税人员根据企业实际经营情况，核算消费税税款，填报好纳税申报所需的表单和资料后，按照如图7-5所示的办事流程进行纳税申报。

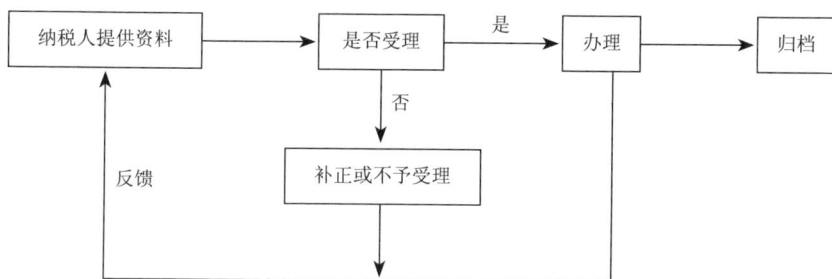

图 7-5　消费税办税流程

7.2.4　附加税费的申报工作

根据国家税务总局官网的办税指南可知，缴纳增值税、消费税的单位和个人，都应该申报缴纳城市维护建设税、教育费附加和地方教育附加。

不同身份的纳税人，以及不同情形的增值税或消费税纳税申报，对应需要填报的表单内容是不同的。

　◆　增值税一般纳税人申报。

增值税一般纳税人进行附加税费纳税申报时，需要填报《增值税及附加税费申报表（一般纳税人适用）》两份。

在《增值税及附加税费申报表（一般纳税人适用）》中，除了有主表，还有另外六张表单：本期销售情况明细，本期进项税额明细，服务、不动产和无形资产扣除项目明细，税额抵减情况表，附加税费情况表，以及增值税减免税申报明细表。

　◆　增值税小规模纳税人申报。

增值税小规模纳税人进行附加税费纳税申报时，需要填报《增值税及附加税费申报表（小规模纳税人适用）》两份。

在《增值税及附加税费申报表（小规模纳税人适用）》中，除了有主表，另外还有两个表单需要填报：服务、不动产和无形资产扣除项目明细，附加税费情况表。

◆ 增值税预缴申报。

纳税人在进行增值税预缴申报时，需要填报《增值税及附加税费预缴表》两份。

在《增值税及附加税费预缴表》中，除了有主表需要填报，另外还需要填报附加税费情况表。

◆ 消费税纳税人申报。

需要缴纳消费税的纳税人在进行消费税纳税申报的同时，要进行附加税费的纳税申报，需要填报《消费税及附加税费申报表》两份。

在《消费税及附加税费申报表》中，除了要填报主表，还要填报一些其他表单，如本期准予扣除税额计算表、本期减（免）税额明细表、本期委托加工收回情况报告表以及消费税附加税费计算表等。

附加税费的纳税申报与增值税和消费税的纳税申报同时进行，企业办税人员只需要按照规定流程，填写好各种表单，就可以去办税服务厅（场所）或者直接在电子税务局办理申报纳税。

第 8 章

财产和行为税的纳税申报

财产税是对法人或自然人在某一时点占有或可支配财产（如房屋、土地、物资和有价证券等）课征的一类税收的统称；行为税是国家为了对某些特定行为进行限制或开辟某些财源而课征的一类税收的统称，如针对财产和商事凭证征收印花税，针对污染环境的行为征收环保税等。这些税种的纳税申报也需要财会人员了解。

8.1 各财产和行为税的征收管理规定

财产税和行为税涉及税务工作的方方面面，而且，大部分企业并不会涉及所有的税种，一些特殊的财产税或行为税只针对特定的征税对象征收。那么，这些税种的具体征收管理规定是怎样的呢？下面我们将进一步了解其具体内容。

8.1.1 企业所得税和个人所得税的征收管理

企业所得税与个人所得税实际上属于所得税范畴，它们不属于财产税，也不属于行为税。

（1）企业所得税的征收管理

实际上，企业在经营过程中取得销售收入时，企业所得税的纳税义务就产生了。根据《中华人民共和国企业所得税法》的规定，企业所得税的纳税期限以及纳税地点的相关规定如下：

◆ 企业所得税纳税期限。

企业所得税按纳税年度计算，纳税年度自公历 1 月 1 日起至 12 月 31 日止。企业在一个纳税年度中间开业，或者终止经营活动，使该纳税年度的实际经营期不足 12 个月的，应以其实际经营期为一个纳税年度。企业依法清算时，应以清算期间作为一个纳税年度，并在办理注销登记前，就其清算所得向税务机关申报并依法缴纳企业所得税。

企业所得税按年计征，分月或分季预缴，年终汇算清缴，多退少补。企业应自月份或季度终了之日起 15 日内，向税务机关报送预缴企业所得税纳税申报表，预缴税款。企业应自年度终了之日起 5 个月内，向税务机关报送年度企业所得税纳税申报表，并汇算清缴，结清应缴、应退税款。

企业在年度中间终止经营活动的，应自实际经营终止之日起 60 日内，向税务机关办理当期企业所得税汇算清缴。

企业在报送企业所得税纳税申报表时，应按照规定附送财务会计报告和其他有关资料。

◆ 企业所得税的纳税地点。

根据《中华人民共和国企业所得税法》的规定，企业所得税的纳税地点需要区分居民企业和非居民企业。

对于居民企业，除税收法律、行政法规另有规定外，居民企业以企业登记注册地为纳税地点；但登记注册地在境外的，以实际管理机构所在地为纳税地点。

非居民企业在中国境内设立机构、场所的，以机构、场所所在地为纳税地点；设立两个或两个以上机构、场所的，符合国务院税务主管部门规定条件的，可以选择由其主要机构、场所汇总缴纳企业所得税。在中国境内未设立机构、场所的，或者虽设立机构、场所，但取得的所得与其所设机构、场所没有实际联系的非居民企业，以扣缴义务人所在地为纳税地点。

（2）个人所得税的征收管理

根据《中华人民共和国个人所得税法》的规定，有下列情形之一的，纳税人应当依法办理纳税申报：

◆ 取得综合所得需要办理汇算清缴。

◆ 取得应税所得没有扣缴义务人。

◆ 取得应税所得，扣缴义务人未扣缴税款。

◆ 取得境外所得。

◆ 因移居境外注销中国户籍。

◆ 非居民个人在中国境内从两处以上取得工资、薪金所得。

◆ 国务院规定的其他情形。

根据该税法的规定，个人所得税的纳税期限区分居民个人、非居民个人、经营所得以及其他所得等情况。

居民个人取得综合所得，按年计算个人所得税；有扣缴义务人的，由扣缴义务人按月或按次预扣预缴税款；需要办理汇算清缴的，应在取得所得的次年 3 月 1 日至 6 月 30 日内办理汇算清缴。居民个人从中国境外取得所得的，应在取得所得的次年 3 月 1 日至 6 月 30 日内申报纳税。

非居民个人取得工资、薪金所得，劳务报酬所得，稿酬所得和特许权使用费所得，有扣缴义务人的，由扣缴义务人按月或按次代扣代缴税款，不需要办理汇算清缴。非居民个人在中国境内从两处以上取得工资、薪金所得的，应在取得所得的次月 15 日内申报纳税。

纳税人取得经营所得，按年计算个人所得税，由纳税人在月度或季度终了后 15 日内向税务机关报送纳税申报表，并预缴税款；在取得所得的次年 3 月 31 日前办理汇算清缴。

纳税人取得利息、股息、红利所得，财产租赁所得，财产转让所得和偶然所得，按月或按次计算个人所得税；有扣缴义务人的，由扣缴义务人按月或按次代扣代缴税款。

针对上述情况，纳税人取得应税所得没有扣缴义务人的，应在取得所得的次月 15 日内向税务机关报送纳税申报表，并缴纳税款。纳税人取得所得，扣缴义务人未扣缴税款的，纳税人应在取得所得的次年 6 月 30 日前，缴纳税款；税务机关通知限期缴纳的，纳税人应按照期限缴纳税款。

通常来说，在企业、事业单位、组织以及各种社会团体任职的纳税人，都由其任职的企业、事业单位、组织和社会团体负责代扣代缴个人所得税，此时，任职单位就是扣缴义务人。因此，这类纳税人的个人所得税纳税地点在任职企业、事业单位、组织和社会团体所在地。而需要自行缴纳个人所得税的其他个人，纳税地点一般为其居住地，此时以中国居民身份证号码为纳税人识别号，或者由税务机关赋予其纳税人识别号。

8.1.2 关税的征收管理

根据《中华人民共和国进出口关税条例》的规定：进口货物的纳税义务人应当自运输工具申报进境之日起 14 日内，出口货物的纳税义务人除海关特准的外，应当在货物运抵海关监管区后、装货的 24 小时以前，向货物的进出境地海关申报。进出口货物转关运输的，按照海关总署的规定执行。进口货物到达前，纳税义务人经海关核准可以先行申报，具体办法由海关总署另行规定。

根据相关规定，关税在货物实际进出境时，即在纳税人按进出口货物通关规定向海关申报后、海关放行前一次性缴纳。

进出口货物的收发货人或其代理人应在海关签发税款缴款凭证次日起 15 日内（星期日和法定节假日除外），向指定银行缴纳税款。逾期不缴的，除依法追缴外，由海关自到期次日起至缴清税款之日止，按日征收欠缴税额 0.5‰的滞纳金。

纳税义务人因不可抗力或者在国家税收政策调整的情形下，不能按期缴纳税款的，经依法提供税款担保后，可以延期缴纳税款，但最长不得超过 6 个月。

纳税义务人、担保人自缴纳税款期限届满之日起超过 3 个月仍未缴纳税款的，海关可以按照《中华人民共和国海关法》第六十条的规定采取强制措施。

进出口货物的纳税义务人在规定的纳税期限内有明显的转移、藏匿其应税货物以及其他财产迹象的，海关可以责令纳税义务人提供担保；纳税义务人不能提供担保的，海关可以按照《中华人民共和国海关法》第六十一条的规定采取税收保全措施。

海关征收关税、滞纳金等，应当按人民币计征。进出口货物的成交价格以及有关费用以外币计价的，以中国人民银行公布的基准汇率折合人民币计算完税价格；以基准汇率币种以外的外币计价的，按照国家有关规定套算为人民币计算完税价格。适用汇率的日期由海关总署规定。

关于关税的补征和退还规定，可进入中国人大网官网，在国家法律法规数据库中参考《中华人民共和国海关法》和《中华人民共和国进出口关税条例》的相关内容。

8.1.3　房产税与契税的征收管理

房产税和契税都是与房产有关的税种，但两者的征收管理明显不同。

（1）房产税的征收管理

房产税的纳税义务发生时间要根据不同的情形进行确定，具体内容见表 8-1。

表 8-1　房产税的纳税义务发生时间

情　　形	纳税义务发生时间
纳税人将原有房产用于生产经营	为生产经营当月
纳税人自行新建房屋用于生产经营	为房屋建成次月
纳税人委托施工企业建设的房屋	为办理验收手续的次月
纳税人购置新建商品房	为房屋交付使用的次月
纳税人购置存量房	为办理房屋权属转移、变更登记手续，房地产权属登记机关签发房屋权属证书的次月
纳税人出租、出借房产	为交付出租、出借本企业房产的次月
房地产开发企业自用、出租、出借本企业建造的商品房	为房屋使用或交付的次月
纳税人因房产的实物或权利状态发生变化而依法终止房产税纳税义务的	应纳税款的计算截止到房产的实物或权利状态发生变化的当月末

根据《中华人民共和国房产税暂行条例》的规定，房产税实行按年计

算、分期缴纳的征收方式，纳税期限由省、自治区、直辖市人民政府规定。换句话说，只要纳税人还拥有房产，或实际使用房产，就需要每年缴纳房产税。

房产税的纳税地点为房产所在地；房产不在同一地方的纳税人，应按房产的坐落地点分别向房产所在地的税务机关申报纳税。

（2）契税的征收管理

根据《中华人民共和国契税法》的规定：契税的纳税义务发生时间，为纳税人签订土地、房屋权属转移合同的当日，或者纳税人取得其他具有土地、房屋权属转移合同性质凭证的当日。

契税由土地、房屋所在地的税务机关依照《中华人民共和国契税法》和《中华人民共和国税收征收管理法》的规定征收管理。也就是说，契税实行属地征收管理，纳税地点为土地、房屋所在地。

纳税人应自契税纳税义务发生之日起 10 日内，向土地、房屋所在地的税务机关申报纳税。

注意，与房产税不同，契税是在发生土地、房屋权属转移时一次性缴纳，以后年度不再需要缴纳契税。

8.1.4　城镇土地使用税和耕地占用税的征收管理

城镇土地使用税和耕地占用税都与占用土地的行为有关，但两者的征收管理是不同的。

（1）城镇土地使用税的征收管理

城镇土地使用税的纳税义务发生时间会因为房产、土地的使用情况的不同而不同，纳税人需要根据实际情况确定城镇土地使用税的纳税义务发生时间，具体见表 8-2。

表 8-2　城镇土地使用税的纳税义务发生时间

情　　形	纳税义务发生时间
纳税人购置新建商品房	为房屋交付使用的次月
纳税人购置存量房	为办理房屋权属转移、变更登记手续，房地产权属登记机关签发房屋权属证书的次月
纳税人出租、出借房产	为交付出租、出借房产的次月
以出让或转让方式有偿取得土地使用权的	为合同约定交付土地时间的次月；合同未约定交付土地时间的，为合同签订的次月 注意，该情形下纳税人为土地使用权的受让方
纳税人新征用的耕地	为批准征用之日起满一年时
纳税人新征用的非耕地	为批准征用的次月

根据《中华人民共和国城镇土地使用税暂行条例》的规定：城镇土地使用税按年计算、分期缴纳。纳税期限由省、自治区、直辖市人民政府确定。

城镇土地使用税的纳税地点为土地所在地。纳税人使用的土地不属于同一省、自治区、直辖市管辖的，由纳税人分别向土地所在地税务机关申报缴纳；在同一省、自治区、直辖市管辖范围内，纳税人跨地区使用的土地，其纳税地点由各省、自治区、直辖市税务局确定。

城镇土地使用税自纳税人占用应税土地开始，每年都要缴纳，但如果占用的是耕地，则第一年不需要缴纳城镇土地使用税，从第二年开始每年都要缴纳。

（2）耕地占用税的征收管理

根据《中华人民共和国耕地占用税法》的规定，耕地占用税的纳税义务发生时间为纳税人收到自然资源主管部门办理占用耕地手续的书面通知的当日。纳税人应当自纳税义务发生之日起 30 日内申报缴纳耕地占用税。

纳税人占用耕地或者其他农用地，应在耕地或者其他农用地所在地申报纳税。

另外，纳税人因建设项目施工或者地质勘察临时占用耕地，应当依照《中华人民共和国耕地占用税法》的规定缴纳耕地占用税。纳税人在批准临时占用耕地期满之日起一年内依法复垦，恢复种植条件的，全额退还已经缴纳的耕地占用税。

耕地占用税在发生纳税义务时一次性征收，以后各年使用耕地均不再征收耕地占用税。

8.1.5　土地增值税和资源税的征收管理

土地增值税什么时候征收？缴税地点如何确定？纳税人的什么行为需要缴纳资源税？这些问题都需要通过了解土地增值税和资源税的征收管理规定来解答。

（1）土地增值税的征收管理

根据《中华人民共和国土地增值税暂行条例》的规定，纳税人应当自转让房地产合同签订之日起 7 日内，向房地产所在地主管税务机关办理纳税申报，并在税务机关核定的期限内缴纳土地增值税。换句话说，土地增值税的纳税义务发生时间为转让房地产合同签订之日。

纳税人因经常发生房地产转让而难以在每次转让后申报的，经税务机关审核同意后，可以按月或按季定期进行纳税申报，具体期限由主管税务机关根据情况确定。

纳税人采取预售方式销售房地产的，对在项目全部竣工结算前转让房地产取得的收入，税务机关可以预征土地增值税。具体办法由各省、自治区、直辖市税务局根据当地情况制定。凡是当地税务机关规定预征土地增值税的，纳税人应当到主管税务机关办理纳税申报，并按规定比例预缴，待办理完纳税清算后，多退少补。

知识延伸 | 什么是纳税清算

　　土地增值税纳税清算是指纳税人在符合土地增值税清算条件后，依照税收法律、法规及土地增值税有关政策规定，计算房地产开发项目应缴纳的土地增值税税额，结清该房地产项目应缴纳土地增值税税款的行为。

　　土地增值税的清算条件要从两类情况进行确定。一类是符合下列清算条件的，纳税人应进行土地增值税的清算：①房地产开发项目全部竣工、完成销售的；②整体转让未竣工结算房地产开发项目；③直接转让土地使用权的。

　　另一类是符合下列情形之一的，主管税务机关可要求纳税人进行土地增值税清算：①已竣工验收的房地产开发项目，已转让的房地产建筑面积占整个项目可售建筑面积的比例在85%以上，或该比例虽未超过85%，但剩余的可售建筑面积已经出租或自用的；②取得销售（预售）许可证满3年仍未销售完毕的；③纳税人申请注销税务登记但未办理土地增值税清算手续的；④省级税务机关规定的其他情况。

　　纳税人不按照《中华人民共和国土地增值税暂行条例》的规定缴纳土地增值税的，土地管理部门和房产管理部门不得办理有关的权属变更手续。

　　从上述规定可知，土地增值税的纳税地点为房地产所在地主管税务机关。这里的房地产所在地，是指房地产的坐落地。如果纳税人转让的房地产坐落地在两个或两个以上地区的，应按房地产所在地分别申报纳税，具体又会分为如下两种情形。

- ◆ **纳税人是法人的**：当转让的房地产坐落地与其机构所在地或经营所在地一致时，则在办理税务登记的原管辖税务机关申报纳税；如果转让的房地产坐落地与其机构所在地或经营所在地不一致时，应在房地产坐落地所管辖的税务机关申报纳税。
- ◆ **纳税人是自然人的**：当转让的房地产坐落地与其居住地一致时，在居住地税务机关申报纳税；当转让的房地产坐落地与其居住地不一致时，在办理过户手续所在地的税务机关申报纳税。

（2）资源税的征收管理

资源税在应税产品的销售或自用环节计算缴纳。不同的情形，资源税的纳税义务发生时间不同。

根据《中华人民共和国资源税法》的规定，纳税人销售应税产品，纳税义务发生时间为收讫销售款或者取得索取销售款凭据的当日；自用应税产品的，纳税义务发生时间为移送应税产品的当日。

扣缴义务人代扣代缴税款的，纳税义务发生时间为支付首笔货款或者开具应支付货款凭据的当天。

纳税人销售应税产品的，还要根据具体的销售结算方式，确定具体的纳税义务发生时间，具体见表 8-3。

表 8-3　销售应税产品的资源税纳税义务发生时间

情　形	纳税义务发生时间
纳税人销售应税资源品目采取分期收款结算方式的	为销售合同规定的收款日期的当天
纳税人销售应税资源品目采取预收货款结算方式的	为发出应税产品的当天
纳税人销售应税品目采取其他结算方式的	为收讫销售款或者取得索取销售款凭据的当天

根据《中华人民共和国资源税法》的规定，资源税按月或者按季申报缴纳；不能按固定期限计算缴纳的，可以按次申报缴纳。

纳税人按月或者按季申报缴纳的，应当自月度或者季度终了之日起 15 日内，向税务机关办理纳税申报并缴纳税款；按次申报缴纳的，应当自纳税义务发生之日起 15 日内，向税务机关办理纳税申报并缴纳税款。

根据有关规定，凡是缴纳资源税的纳税人，都应向应税产品的开采地或者盐生产所在地主管税务机关申报纳税。

纳税人在本省、自治区、直辖市范围内开采或者生产应税产品，其纳税地点需要调整的，由所在省、自治区、直辖市税务机关决定。

纳税人跨省开采资源税应税产品，其下属生产单位与核算单位不在同一省、自治区、直辖市的，对其开采的矿产品一律在开采地纳税。

扣缴义务人代扣代缴的资源税，应向收购地主管税务机关申报纳税。

8.1.6 车辆购置税和车船税的征收管理

车辆购置税实行一次征收制度，税款应该一次缴清；而车船税需要按年计征。两者的征收管理规定同样存在较大的不同。

（1）车辆购置税的征收管理

根据《中华人民共和国车辆购置税法》的规定，车辆购置税的纳税义务发生时间为纳税人购置应税车辆的当日。纳税人应当自纳税义务发生之日起 60 日内申报缴纳车辆购置税。

如果是纳税人进口自用应税车辆的，应当自进口之日起 60 日内申报纳税；如果是纳税人自产、受赠、获奖或者以其他方式取得并自用应税车辆的，应当自取得之日起 60 日内申报纳税。换句话说，纳税人进口自用应税车辆的，纳税义务发生时间为进口应税车辆的当日；纳税人自产、受赠、获奖或以其他方式取得并自用应税车辆的，纳税义务发生时间为取得应税车辆的当日。

注意，纳税人购置已经征收过车辆购置税的车辆，不再征收车辆购置税。如果纳税人将已征收车辆购置税的车辆退回车辆生产企业或者销售企业的，可以向主管税务机关申请退还车辆购置税。退税额以已缴税款为基准，自缴纳税款之日至申请退税之日，每满一年扣减 10%。

那么，车辆购置税的纳税地点在哪里呢？根据《中华人民共和国车辆购置税法》的规定，纳税人购置应税车辆，应当向车辆登记地的主管税务机关申报缴纳车辆购置税；购置不需要办理车辆登记的应税车辆的，应当向纳税人所在地的主管税务机关申报缴纳车辆购置税。

（2）车船税的征收管理

根据《中华人民共和国车船税法》的规定，车船税纳税义务发生时间为取得车船所有权或者管理权的当月。按照情形的不同，具体纳税义务发生时间的确定方式不同。

车船税的纳税义务发生时间，为车船管理部门核发的车船登记证书或行驶证书所记载日期的当月。纳税人未按照规定到车船管理部门办理应税车船登记手续的，以车船购置发票所载开具时间的当月为车船税的纳税义务发生时间。未办理车船登记手续且无法提供车船购置发票的，由主管税务机关核定纳税义务发生时间。

按照税法规定，车船税按年申报缴纳，具体申报纳税期限由省、自治区、直辖市人民政府规定。车船税的纳税地点为车船的登记地或者车船税扣缴义务人所在地。依法不需要办理登记的车船，车船税的纳税地点为车船的所有人或者管理人所在地。

◆　纳税人自行申报缴纳车船税的，纳税地点为车船登记地的主管税务机关所在地。

◆　扣缴义务人代收代缴车船税的，纳税地点为扣缴义务人所在地。

从事机动车第三者责任强制保险业务的保险机构为机动车车船税的扣缴义务人，应当在收取保险费时依法代收车船税，并出具代收税款凭证。机动车车船税扣缴义务人在代收车船税时，应在机动车交通事故责任强制保险的保险单以及保费发票上注明已收税款的信息，作为代收税款凭证。

扣缴义务人已代收代缴车船税的，纳税人不再向车辆登记地的主管税务机关申报缴纳车船税。

已缴纳车船税的车船在同一纳税年度内办理转让过户的，不另纳税，也不退税。在一个纳税年度内，已完税的车船被盗抢、报废、灭失的，纳税人可以凭有关管理机关出具的证明和完税凭证，向纳税所在地的主管税务机关申请退还自被盗抢、报废、灭失月份起至该纳税年度终了期间的税款。已办理退税的被盗抢车船失而复得的，纳税人应当从公安机关出具相关证明的当月起计算缴纳车船税。

8.1.7 印花税与环保税的征收管理

印花税与合同的签订、账簿的设立以及其他应税凭证的书立等密切相关；环保税则与环境污染行为相关。下面来看看两种税的征收管理规定。

（1）印花税的征收管理

根据最新的《中华人民共和国印花税法》的规定，印花税的纳税义务发生时间为纳税人书立应税凭证或者完成证券交易的当日。证券交易印花税扣缴义务发生时间为证券交易完成的当日，且证券登记结算机构为证券交易印花税的扣缴义务人。

印花税按季、按年或者按次计征。实行按季、按年计征的，纳税人应当自季度、年度终了之日起 15 日内申报缴纳税款；实行按次计征的，纳税人应当自纳税义务发生之日起 15 日内申报缴纳税款。证券交易印花税按周解缴，扣缴义务人应当自每周终了之日起 5 日内申报解缴税款以及银行结算的利息。

印花税可以采用粘贴印花税票或者由税务机关依法开具其他完税凭证的方式缴纳。印花税票粘贴在应税凭证上的，由纳税人在每枚税票的骑缝处盖戳注销或者画销。印花税票由国务院税务主管部门监制。

不同的情形、不同的纳税人，印花税的纳税地点是不同的，具体见表 8-4。

表 8-4　印花税的纳税地点

情　　形	纳税地点
单位纳税人	机构所在地的主管税务机关

情　　形	纳税地点
个人纳税人	应税凭证书立地或者纳税人居住地的主管税务机关
纳税人出让或转让不动产产权的	不动产所在地的主管税务机关
扣缴义务人代扣代缴的	扣缴义务人机构所在地的主管税务机关

（2）环保税的征收管理

根据《中华人民共和国环境保护税法》的规定，环境保护税的纳税义务发生时间为纳税人排放应税污染物的当日。纳税人应当向应税污染物排放地的税务机关申报缴纳环境保护税。

环境保护税按月计算，按季申报缴纳。不能按固定期限计算缴纳的，可以按次申报缴纳。纳税人申报缴纳环境保护税时，应当向税务机关报送所排放应税污染物的种类、数量，大气污染物、水污染物的浓度值，以及税务机关根据实际需要要求纳税人报送的其他纳税资料。

纳税人按季申报缴纳的，应当自季度终了之日起 15 日内，向税务机关办理申报并缴纳税款。纳税人按次申报缴纳的，应当自纳税义务发生之日起 15 日内，向税务机关办理纳税申报并缴纳税款。

8.1.8　烟叶税和船舶吨税的征收管理

烟叶税和船舶吨税都是比较特殊的税种，我国相关税法也对其进行了税收征收管理规定。

（1）烟叶税的征收管理

根据《中华人民共和国烟叶税法》的规定，烟叶税的纳税义务发生时间为纳税人收购烟叶的当日。具体指纳税人向烟叶销售者付讫收购烟叶款项或者开具收购烟叶凭证的当日。

烟叶税在烟叶收购环节征收，纳税人为收购烟叶的人。

烟叶税按月计征，纳税人应当于纳税义务发生月终了之日起 15 日内申报并缴纳税款。

纳税人收购烟叶，应向烟叶收购地的主管税务机关申报缴纳烟叶税。

（2）船舶吨税的征收管理

根据《中华人民共和国船舶吨税法》的规定，吨税纳税义务发生时间为应税船舶进入港口的当日。应税船舶在吨税执照期满后尚未离开港口的，应当申领新的吨税执照，自上一次执照期满的次日起续缴吨税。

应税船舶在进入港口办理入境手续时，应当向海关申报纳税并领取吨税执照，或者交验吨税执照（或者申请核验吨税执照电子信息），应税船舶负责人应当自海关填发吨税缴款凭证之日起 15 日内缴清税款。未按期缴清税款的，自滞纳税款之日起至缴清税款之日止，按日加收滞纳税款 0.5‰ 的税款滞纳金。

吨税由海关负责征收，海关征收吨税应当制发缴款凭证。应税船舶负责人缴纳吨税或者提供担保后，海关按照其申领的执照期限填发吨税执照。

应税船舶到达港口前，经海关核准先行申报并办结出入境手续的，应税船舶负责人应当向海关提供与其依法履行吨税缴纳义务相适应的担保；应税船舶到达港口后，依照本法规定向海关申报纳税。下列财产、权利可以用于担保：

◆ 人民币、可自由兑换货币。

◆ 汇票、本票、支票、债券、存单。

◆ 银行、非银行金融机构的保函。

◆ 海关依法认可的其他财产、权利。

其他关于船舶吨税的漏征追缴、多征退税的规定，可自行查看《中华人民共和国船舶吨税法》的内容。

8.2　企业所得税与个人所得税的申报缴纳

企业所得税和个人所得税都是所得税范畴，都可能涉及汇算清缴。那么，实际纳税申报缴纳税款如何操作呢？具体如下：

8.2.1　企业所得税的预缴申报工作

企业所得税的预缴申报工作，主要是指按月或按季申报企业所得税。这里以居民企业为例，介绍不同征收方式下的预缴申报工作。

◆ 居民企业（查账征收）企业所得税月（季）度申报。

实行查账征收方式申报企业所得税的居民企业，包括境外注册中资控股居民企业，在月份或者季度终了之日起 15 日内，依照税收法律法规及其他有关规定，向税务机关填报《中华人民共和国企业所得税月（季）度预缴纳税申报表（A 类）》及其他相关资料，进行月（季）度预缴纳税申报。

纳税人可通过办税服务厅（场所）、电子税务局办理，具体地点和网址可从省（自治区、直辖市和计划单列市）税务局网站"纳税服务"栏目查询。

企业所得税预缴申报必须连续进行，中间缺漏的属期要先补充完整，才能继续申报。

不同情形下的居民企业在进行预缴申报时，需要提供的资料可能不同。具体可进入"纳税服务 / 办税指南 / 申报纳税"栏目查询。如图 8-1 所示的是企业所得税月（季）度预缴纳税申报表（A 类）。

◆ 居民企业（核定征收）企业所得税月（季）度申报。

按照企业所得税核定征收办法缴纳企业所得税的居民企业，在月份或季度终了之日起 15 日内，依照税收法律、法规、规章及其他有关企业所得税的规定，向税务机关填报中华人民共和国企业所得税月（季）度预缴和年度纳税申报表（B 类）及其他相关资料。申报表如图 8-2 所示。

中华人民共和国企业所得税月（季）度预缴纳税申报表（A 类）

税款所属期间： 年 月 日至年 月 日

纳税人识别号（统一社会信用代码）： □□□□□□□□□□□□□□□□□□

纳税人名称： 金额单位：人民币元(列至角分)

优 惠 及 附 报 事 项 有 关 信 息								
项　目	一季度		二季度		三季度		四季度	季度平均值
	季初	季末	季初	季末	季初	季末	季初	季末	
从业人数								
资产总额（万元）								
国家限制或禁止行业	□是□否				小型微利企业			□是□否
附 报 事 项 名 称								金额或选项
事项 1	（填写特定事项名称）							
事项 2	（填写特定事项名称）							
预 缴 税 款 计 算								本年累计
1	营业收入							
2	营业成本							
3	利润总额							
4	加：特定业务计算的应纳税所得额							
5	减：不征税收入							
6	减：资产加速折旧、摊销（扣除）调减额（填写 A201020）							
7	减：免税收入、减计收入、加计扣除（7.1+7.2+…）							
7.1	（填写优惠事项名称）							
7.2	（填写优惠事项名称）							
8	减：所得减免（8.1+8.2+…）							
8.1	（填写优惠事项名称）							
8.2	（填写优惠事项名称）							
9	减：弥补以前年度亏损							
10	实际利润额（3+4-5-6-7-8-9）\ 按照上一纳税年度应纳税所得额平均额确定的应纳税所得额							
11	税率(25%)							
12	应纳所得税额（10×11）							
13	减：减免所得税额（13.1+13.2+…）							
13.1	（填写优惠事项名称）							
13.2	（填写优惠事项名称）							
14	减：本年实际已缴所得税额							
15	减：特定业务预缴（征）所得税额							
16	本期应补（退）所得税额（12-13-14-15）\ 税务机关确定的本期应纳所得税额							
汇 总 纳 税 企 业 总 分 机 构 税 款 计 算								
17	总机构	总机构本期分摊应补（退）所得税额（18+19+20）						
18		其中：总机构分摊应补（退）所得税额（16×总机构分摊比例 %）						
19		财政集中分配应补（退）所得税额（16×财政集中分配比例 %）						
20		总机构具有主体生产经营职能的部门分摊所得税额（16×全部分支机构分摊比例___%×总机构具有主体生产经营职能部门分摊比例 %）						
21	分支机构	分支机构本期分摊比例						
22		分支机构本期分摊应补（退）所得税额						
实 际 缴 纳 企 业 所 得 税 计 算								
23	减：民族自治地区企业所得税地方分享部分：□ 免征 □ 减征：减征幅度___%					本年累计应减免金额[（12-13-15）×40%×减征幅度]		
24	实际应补（退）所得税额							

谨声明：本纳税申报表是根据国家税收法律法规及相关规定填报的，是真实的、可靠的、完整的。

纳税人（签章）： 年 月 日

经办人： 经办人身份证号： 代理机构签章： 代理机构统一社会信用代码：	受理人： 受理税务机关（章）： 受理日期：年 月 日

图 8-1 企业所得税月（季）度预缴纳税申报表（A 类）

中华人民共和国企业所得税月（季）度预缴和年度纳税申报表
（B 类，2018 年版）

税款所属期间：　　　年 月 日至　　　年 月 日

纳税人识别号（统一社会信用代码）：☐☐☐☐☐☐☐☐☐☐☐☐☐☐☐☐☐☐

纳税人名称：　　　　　　　　　　　　　　　　　　金额单位：人民币元（列至角分）

核定征收方式	☐核定应税所得率（能核算收入总额的）　　☐核定应税所得率（能核算成本费用总额的） ☐核定应纳所得税额								
按　季　度　填　报　信　息									
项　　目	一季度		二季度		三季度		四季度		季度平均值
	季初	季末	季初	季末	季初	季末	季初	季末	
从业人数									
资产总额（万元）									
国家限制或禁止行业	☐ 是　☐ 否				小型微利企业		☐ 是　☐ 否		
按　年　度　填　报　信　息									
从业人数（填写平均值）			资产总额（填写平均值，单位：万元）						
国家限制或禁止行业	☐ 是　☐ 否			小型微利企业			☐ 是　☐ 否		

行次	项　　目	本年累计金额
1	收入总额	
2	减：不征税收入	
3	减：免税收入（4+5+10+11）	
4	国债利息收入免征企业所得税	
5	符合条件的居民企业之间的股息、红利等权益性投资收益免征企业所得税（6+7.1+7.2+8+9）	
6	其中：一般股息红利等权益性投资收益免征企业所得税	
7.1	通过沪港通投资且连续持有 H 股满 12 个月取得的股息红利所得免征企业所得税	
7.2	通过深港通投资且连续持有 H 股满 12 个月取得的股息红利所得免征企业所得税	
8	居民企业持有创新企业 CDR 取得的股息红利所得免征企业所得税	
9	符合条件的居民企业之间属于股息、红利性质的永续债利息收入免征企业所得税	
10	投资者从证券投资基金分配中取得的收入免征企业所得税	
11	取得的地方政府债券利息收入免征企业所得税	
12	应税收入额（1-2-3）＼成本费用总额	
13	税务机关核定的应税所得率（%）	
14	应纳税所得额（第 12×13 行）＼[第 12 行÷（1-第 13 行）×第 13 行]	
15	税率（25%）	
16	应纳所得税额（14×15）	
17	减：符合条件的小型微利企业减免企业所得税	
18	减：实际已缴纳所得税额	
L19	减：符合条件的小型微利企业延缓缴纳所得税额（是否延缓缴纳所得税 ☐ 是 ☐ 否）	
19	本期应补（退）所得税额（16-17-18-L19）＼税务机关核定本期应纳所得税额	
20	民族自治地方的自治机关对本民族自治地方的企业应缴纳的企业所得税中属于地方分享的部分减征或免征（ ☐ 免征 　☐ 减征：减征幅度＿＿＿% ）	
21	本期实际应补（退）所得税额	

谨声明：本纳税申报表是根据国家税收法律法规及相关规定填报的，是真实的、可靠的、完整的。

纳税人（签章）：　　　　年 月 日

经办人： 经办人身份证号： 代理机构签章： 代理机构统一社会信用代码：	受理人： 受理税务机关（章）： 受理日期：　　年 月 日

图 8-2　企业所得税月（季）度预缴和年度纳税申报表（B 类，2018 年版）

从表格名称可以看出，实行核定征收办法的居民企业，其月（季）度预缴申报和年度申报使用的是同一张申报表。

实行核定征收办法的居民企业在进行企业所得税预缴申报时，如果该企业是符合条件的境外投资企业，还需要另外提供居民企业参股外国企业信息报告表一份。

按照企业所得税核定征收办法缴纳企业所得税的居民企业，应在年度终了之日起 5 个月内，或在年度中间终止经营活动的，自实际终止经营之日起 60 日内，依照税收法律、法规、规章及其他有关企业所得税的规定，向税务机关填报中华人民共和国企业所得税月（季）度预缴和年度纳税申报表（B 类，2018 年版）及其他相关资料，向税务机关进行企业所得税年度申报。如果是适用《企业所得税法》第 45 条情形或者需要适用《特别纳税调整实施办法（试行）》第 84 条规定的居民企业，还需另行提供受控外国企业信息报告表一份。

注意，实行核定定额征收企业所得税的纳税人，不进行汇算清缴。

8.2.2　企业所得税的年度申报工作

企业所得税的年度申报工作，也需要区分居民企业查账征收与核定征收，前述内容已经介绍了实行核定征收办法的居民企业的年度申报工作，这里只介绍实行查账征收办法的居民企业的年度申报工作。

实行查账征收方式申报企业所得税的居民企业（包括境外注册中资控股居民企业），在纳税年度终了之日起 5 个月内，在年度中间终止经营活动的在实际终止经营之日起 60 日内，依照税收法律、法规、规章及其他有关规定，自行计算本纳税年度应纳税所得额、应纳所得税额和本纳税年度应补（退）税额，向税务机关填报中华人民共和国企业所得税年度纳税申报表（A 类，2017 年版）及其他有关资料，进行年度纳税申报。

实行查账征收方式申报企业所得税的居民企业，在进行纳税申报时需要填写很多张表格，这里仅介绍主表，如图 8-3 所示。

A100000　　中华人民共和国企业所得税年度纳税申报表（A类）

行次	类别	项　目	金　额
1	利润总额计算	一、营业收入(填写 A101010\101020\103000)	
2		减：营业成本(填写 A102010\102020\103000)	
3		减：税金及附加	
4		减：销售费用(填写 A104000)	
5		减：管理费用(填写 A104000)	
6		减：财务费用(填写 A104000)	
7		减：资产减值损失	
8		加：公允价值变动收益	
9		加：投资收益	
10		二、营业利润(1-2-3-4-5-6-7+8+9)	
11		加：营业外收入(填写 A101010\101020\103000)	
12		减：营业外支出(填写 A102010\102020\103000)	
13		三、利润总额（10+11-12）	
14	应纳税所得额计算	减：境外所得（填写 A108010）	
15		加：纳税调整增加额（填写 A105000）	
16		减：纳税调整减少额（填写 A105000）	
17		减：免税、减计收入及加计扣除（填写 A107010）	
18		加：境外应税所得抵减境内亏损（填写 A108000）	
19		四、纳税调整后所得（13-14+15-16-17+18）	
20		减：所得减免（填写 A107020）	
21		减：弥补以前年度亏损（填写 A106000）	
22		减：抵扣应纳税所得额（填写 A107030）	
23		五、应纳税所得额（19-20-21-22）	
24	应纳税额计算	税率（25%）	
25		六、应纳所得税额（23×24）	
26		减：减免所得税额（填写 A107040）	
27		减：抵免所得税额（填写 A107050）	
28		七、应纳税额（25-26-27）	
29		加：境外所得应纳所得税额（填写 A108000）	
30		减：境外所得抵免所得税额（填写 A108000）	
31		八、实际应纳所得税额（28+29-30）	
32		减：本年累计实际已缴纳的所得税额	
33		九、本年应补（退）所得税额（31-32）	
34		其中：总机构分摊本年应补（退）所得税额(填写 A109000)	
35		财政集中分配本年应补（退）所得税额(填写 A109000)	
36		总机构主体生产经营部门分摊本年应补（退）所得税额(填写 A109000)	
37	实际应纳税额计算	减：民族自治地区企业所得税地方分享部分：（□ 免征 □ 减征:减征幅度___%）	
38		十、本年实际应补（退）所得税额（33-37）	

图 8-3　企业所得税年度纳税申报表 (A 类，2017 年版)

除了主表以外，纳税人还需要填报企业所得税年度纳税申报基础信息表资产折旧、摊销及纳税调整明细表以及免税、减计收入及加计扣除优惠明细表等表格，与主表一起上交。这些表格的格式与具体的填报说明，可参考国家税务总局公告 2021 年第 34 号《关于企业所得税年度汇算清缴有关事项的公告》中的附件《中华人民共和国企业所得税年度纳税申报表（A类，2017 年版）部分表单及填报说明（2021 年修订）。

实行查账征收方式申报企业所得税的居民企业，在不同的情形下还需要提供除申报表以外的一些资料，具体可进入"国家税务总局 / 纳税服务 / 办税指南 / 申报纳税 / 居民企业（查账征收）企业所得税年度申报"查看。

8.2.3 清算企业所得税的申报工作

因解散、破产、重组等原因终止生产经营活动的，不再持续经营的纳税人，企业由法人转变为个人独资企业、合伙企业等非法人组织，或将登记注册地转移至中华人民共和国境外，在办理注销登记前，以整个清算期间作为一个纳税年度，依法计算清算所得及其应纳所得税，自清算结束之日起 15 日内，填报《中华人民共和国企业清算所得税申报表》及其他相关资料，向税务机关进行申报。

其中，企业由法人转变为个人独资企业、合伙企业等非法人组织，或将登记注册地转移至中华人民共和国境外的，还需要在申报时提供企业改变法律形式的市场监督管理部门或其他政府部门的批准文件复印件、企业全部资产的计税基础以及评估机构出具的资产评估报告复印件，以及企业债权、债务处理或归属情况说明复印件各一份。

被合并企业还需要提供企业合并的市场监督管理部门或其他政府部门的批准文件复印件、企业全部资产和负债的计税基础以及评估机构出具的资产评估报告复印件，以及被合并企业债务处理或归属情况说明复印件各一份。

被分立企业还需要提供企业分立的市场监督管理部门或其他政府部门的批准文件复印件、被分立企业全部资产的计税基础以及评估机构出具的资产评估报告复印件，以及被分立企业债务处理或归属情况说明复印件各一份。

完成居民企业清算企业所得税申报后，可继续办理注销登记或清税申报等事宜。如图 8-4 所示的是企业清算所得税申报表。

中华人民共和国企业清算所得税申报表

清算期间：　　　　年　月　日至　　年　月　日

纳税人名称：

纳税人识别号：□□□□□□□□□□□□□□□　　金额单位：元（列至角分）

类别	行次	项目	金额
应纳税所得额计算	1	资产处置损益（填附表一）	
	2	负债清偿损益（填附表二）	
	3	清算费用	
	4	清算税金及附加	
	5	其他所得或支出	
	6	清算所得（1+2-3-4+5）	
	7	免税收入	
	8	不征税收入	
	9	其他免税所得	
	10	弥补以前年度亏损	
	11	应纳税所得额（6-7-8-9-10）	
应纳所得额计算	12	税率（25%）	
	13	应纳所得税额（11×12）	
应补（退）所得税额计算	14	减（免）企业所得税额	
	15	境外应补所得税额	
	16	境内外实际应纳所得税额（13-14+15）	
	17	以前纳税年度应补（退）所得税额	
	18	实际应补（退）所得税额（16+17）	

纳税人盖章：	代理申报中介机构盖章：	主管税务机关受理专用章：
清算组盖章：	经办人签字及执业证件号码：	受理人签字：
经办人签字：		
申报日期： 　年　月　日	代理申报日期： 　年　月　日	受理日期： 　年　月　日

图 8-4　企业清算所得税申报表

8.2.4　个人不同所得的预缴、代缴申报处理

个人取得的不同所得，有些需要自行预缴，有些需要预扣预缴，有些需要代扣代缴。下面对其分别认识。

（1）居民个人取得综合所得个人所得税预扣预缴申报

居民个人取得综合所得，按年计算个人所得税；有扣缴义务人的，由扣缴义务人按月或按次预扣预缴税款。扣缴义务人每月或每次预扣、预缴

的税款，在次月 15 日内，填报个人所得税扣缴申报表及其他相关资料，向税务机关纳税申报并缴入国库。申报表如图 8-5 所示。

个人所得税扣缴申报表

税款所属期：　年　月　日至　年　月　日

扣缴义务人名称：

扣缴义务人纳税人识别号（统一社会信用代码）：□□□□□□□□□□□□□□□□□□　　　　　金额单位：人民币元（列至角分）

						本月（次）情况															累计情况										税款计算								
							收入额计算			专项扣除				其他扣除									累计专项附加扣除																
序号	姓名	身份证件类型	身份证件号码	纳税人识别号	是否为非居民个人	所得项目	收入	费用	免税收入	减除费用	基本养老保险费	基本医疗保险费	失业保险费	住房公积金	年金	商业健康保险	税延养老保险	财产原值	允许扣除的税费	其他	累计收入额	累计减除费用	子女教育	赡养老人	住房贷款利息	住房租金	继续教育	累计专项扣除	准予扣除的捐赠额	按累计预扣法计算的预扣率比例	应纳税所得额	税率/预扣率	速算扣除数	应扣缴税额	减免税额	已缴税额	应补/退税额	备注
1	2	3	4	5	6	7	8	9	10	11	12	13	14	15	16	17	18	19	20	21	22	23	24	25	26	27	28	29	30	31	32	33	34	35	36	37	38	39	40
合计																																							

谨声明：本表是根据国家税收法律法规及相关规定填报的，是真实的、可靠的、完整的。

扣缴义务人（签章）：　　　　　　　　　　　年　月　日

经办人签字：
经办人身份证件号码：
代理机构签章：
代理机构统一社会信用代码：

受理人：
受理税务机关（章）：
受理日期：　年　月　日

图 8-5　个人所得税扣缴申报表

该申报表的填报说明可参考国家税务总局公告 2019 年第 7 号《关于修订个人所得税申报表的公告》的附件资料。

在进行个人所得税预扣预缴申报时，如果是首次办理，或者被扣缴义务人信息变更的，还需要提供个人所得税基础信息表（A 表）两份；如果有依法确定的其他扣除，还需要提供商业健康保险税前扣除情况明细表个人税收递延型商业养老保险税前扣除情况明细表等相关扣除资料一份；如果选择在工资、薪金所得预扣预缴个人所得税时享受的 6 项专项附加扣除，还需要填报并提交个人所得税专项附加扣除信息表一份；如果企业存在股权激励和股票期权职工行权，还需要提供公司股权激励人员名单一份；如果纳税人存在减免个人所得税情形，还要提供个人所得税减免税事项报告表一份。

（2）经营所得个人所得税月（季）度申报

纳税人取得经营所得，在月度或季度终了后 15 日内填报个人所得税经营所得纳税申报表（A 表）及其他相关资料，向经营管理所在地主管税务机关办理预缴纳税申报，并预缴税款。申报表如图 8-6 所示。

个人所得税经营所得纳税申报表（A 表）

税款所属期：　　年　月　日至　　年　月　日

纳税人姓名：

纳税人识别号：□□□□□□□□□□□□□□□□□　　金额单位：人民币元（列至角分）

被投资单位信息		
名称		
纳税人识别号（统一社会信用代码）	□□□□□□□□□□□□□□□□□□	

征收方式（单选）

□查账征收（据实预缴）　　□查账征收（按上年应纳税所得额预缴）　　□核定应税所得率征收

□核定应纳税所得额征收　　□税务机关认可的其他方式　　_____

个人所得税计算		
项目	行次	金额/比例
一、收入总额	1	
二、成本费用	2	
三、利润总额（第 3 行=第 1 行-第 2 行）	3	
四、弥补以前年度亏损	4	
五、应税所得率（%）	5	
六、合伙企业个人合伙人分配比例（%）	6	
七、允许扣除的个人费用及其他扣除（第 7 行=第 8 行+第 9 行+第 14 行）	7	
（一）投资者减除费用	8	
（二）专项扣除（第 9 行=第 10 行+第 11 行+第 12 行+第 13 行）	9	
1.基本养老保险费	10	
2.基本医疗保险费	11	
3.失业保险费	12	
4.住房公积金	13	
（三）依法确定的其他扣除（第 14 行=第 15 行+第 16 行+第 17 行）	14	
1.	15	
2.	16	
3.	17	
八、准予扣除的捐赠额（附报《个人所得税公益慈善事业捐赠扣除明细表》）	18	
九、应纳税所得额	19	
十、税率（%）	20	
十一、速算扣除数	21	
十二、应纳税额（第 22 行=第 19 行×第 20 行-第 21 行）	22	
十三、减免税额（附报《个人所得税减免税事项报告表》）	23	
十四、已缴税额	24	
十五、应补/退税额（第 25 行=第 22 行-第 23 行-第 24 行）	25	
备注		

谨声明：本表是根据国家税收法律法规及相关规定填报的，本人对填报内容（附带资料）的真实性、可靠性、完整性负责。

纳税人签字：　　　　　　年　月　日

经办人签字：	受理人：
经办人身份证件类型：	
经办人身份证件号码：	受理税务机关（章）：
代理机构签章：	
代理机构统一社会信用代码：	受理日期：　　　年　月　日

图 8-6　个人所得税经营所得纳税申报表（A 表）

（3）居民个人取得分类所得个人所得税代扣代缴申报

个人所得税以向个人支付所得的单位或个人为扣缴义务人，扣缴义务人向居民个人支付利息、股息、红利所得，财产租赁所得，财产转让所得或偶然所得时，应按月或按次代扣代缴个人所得税，在次月 15 日填报个人所得税扣缴申报表及其他相关资料，向主管税务机关纳税申报。申报表格式参照图 8-5 所示的申报表。

如果扣缴义务人是首次为居民个人纳税人办理扣缴申报或被扣缴义务人信息变更，纳税申报时需要另外提供个人所得税基础信息表（A 表）两份；如果纳税人存在减免个人所得税情形，还需提供个人所得税减免税事项报告表一份。

（4）非居民个人所得税代扣代缴申报

扣缴义务人向非居民个人支付应税所得时，应履行代扣代缴应税所得个人所得税的义务，并在次月 15 日内填报个人所得税扣缴申报表和向主管税务机关报送个人所得税扣缴申报表和主管税务机关要求报送的其他有关资料。

如果非居民个人所得税的扣缴义务人是首次办理扣缴申报或被扣缴义务人信息变更，纳税申报时还需要提供个人所得税基础信息表（A 表）两份；如果纳税人存在减免个人所得税情形，则扣缴义务人还需要提供个人所得税减免税事项报告表一份。

另外还有一些所得进行预扣预缴、代扣代缴的规定，以及需要用到的纳税申报表格式，可进入"国家税务总局 / 纳税服务 / 办税指南 / 纳税申报"进行查看和下载。

8.2.5　个人不同所得税的年度申报

与不同所得的预扣、预缴对应，不同所得的年度申报工作也会有差别。

（1）居民个人综合所得个人所得税年度自行申报

居民个人在取得工资、薪金所得、劳务报酬所得、稿酬所得、特许权使用费所得等综合所得的次年 3 月 1 日至 6 月 30 日内填报个人所得税年度自行纳税申报表及其他相关资料，办理年度汇算或者随年度汇算一并办理纳税申报。

该纳税申报表分 A 表和 B 表，A 表是仅取得境内综合所得年度汇算适用；B 表是居民个人取得境外所得适用。具体表格格式与填报说明可参考国家税务总局公告 2021 年第 2 号《国家税务总局公告 2021 年第 2 号》的附件资料。如图 8-7 所示为个人所得税年度自行纳税申报表 A 表。

图 8-7　个人所得税年度自行纳税申报表 A 表

（2）经营所得个人所得税年度申报

取得经营所得的纳税人，在取得所得的次年 3 月 31 日前填报个人所得税经营所得纳税申报表（B 表）及其他相关资料，向经营管理所在地主管税务机关办理汇算清缴。企业在年度中间合并、分立、终止时，个人独资企业投资者、合伙企业个人合伙人、承包承租经营者在停止生产经营之日起 60 日内，向主管税务机关办理当期个人所得税汇算清缴。

如图 8-8 所示的是个人所得税经营所得纳税申报表（B 表）格式。

个人所得税经营所得纳税申报表（B 表）

税款所属期：　年　月　日　至　年　月　日
纳税人名称：
纳税人识别号：□□□□□□□□□□□□□□□□□□　金额单位：人民币元（列至角分）

被投资单位信息	名称		纳税人识别号（统一社会信用代码）

项目	行次	金额/比例
一、收入总额	1	
其中：国债利息收入	2	
二、成本费用（3=4+5+6+7+8+9+10）	3	
（一）营业成本	4	
（二）营业费用	5	
（三）管理费用	6	
（四）财务费用	7	
（五）税金	8	
（六）损失	9	
（七）其他支出	10	
三、利润总额（11=1-2-3）	11	
四、纳税调整增加额（12=13+27）	12	
（一）超过规定标准的扣除项目金额（13=14+15+16+17+18+19+20+21+22+23+24+25+26）	13	
1.职工福利费	14	
2.职工教育经费	15	
3.工会经费	16	
4.利息支出	17	
5.业务招待费	18	
6.广告费和业务宣传费	19	
7.教育和公益事业捐赠	20	
8.住房公积金	21	
9.社会保险费	22	
10.折旧费	23	
11.无形资产摊销	24	
12.资产减值	25	
13.其他	26	
（二）不允许扣除的项目金额（27=28+29+30+31+32+33+34+35+36）	27	
1.个人所得税款	28	
2.税收滞纳金	29	
3.罚金、罚款和被没收财物的损失	30	
4.不符合扣除规定的捐赠支出	31	
5.赞助支出	32	
6.用于个人和家庭的支出	33	
7.与取得生产经营收入无关的其他支出	34	
8.投资者工资薪金支出	35	
9.其他不允许扣除的支出	36	
五、纳税调整减少额	37	
六、纳税调整后所得（38=11+12-37）	38	
七、弥补以前年度亏损	39	
八、合伙企业个人合伙人分配比例（%）	40	
九、允许扣除的个人费用及其他扣除（41=42+43+48+55）	41	
（一）投资者减除费用	42	
（二）专项扣除（43=44+45+46+47）	43	
1.基本养老保险费	44	
2.基本医疗保险费	45	
3.失业保险费	46	
4.住房公积金	47	
（三）专项附加扣除（48=49+50+51+52+53+54）	48	
1.子女教育	49	
2.继续教育	50	
3.大病医疗	51	
4.住房贷款利息	52	
5.住房租金	53	
6.赡养老人	54	
（四）依法确定的其他扣除（55=56+57+58+59）	55	
1.商业健康保险	56	
2.税延养老保险	57	
3.	58	
4.	59	
十、投资抵口	60	
十一、准予扣除的个人捐赠支出	61	
十二、应纳税所得额（62=38-39-41-60-61）或[62=（38-39）×40-41-60-61]	62	
十三、税率（%）	63	
十四、速算扣除数	64	
十五、应纳税额（65=62×63-64）	65	
十六、减免税额（附报《个人所得税减免税事项报告表》）	66	
十七、已缴税额	67	
十八、应补/退税额（68=65-66-67）	68	

谨声明：本表是根据国家税收法律法规及相关规定填报的，是真实的、可靠的、完整的。
纳税人签字：　　年　月　日

经办人：
经办人身份证件号码：
代理机构签章：
代理机构统一社会信用代码：

受理人：
受理税务机关（章）：
受理日期：　年　月　日

图 8-8　个人所得税经营所得纳税申报表（B 表）

如果纳税人没有综合所得，且需要享受专项附加扣除，还需提供个人所得税专项附加扣除信息表一份；如果存在减免个人所得税情形，还需提供个人所得税减免税事项报告表一份；如果有依法确定的其他扣除，还需提供商业健康保险税前扣除情况明细表个人税收递延型商业养老保险税前扣除情况明细表等相关扣除资料各一份；如果有对公益慈善事业的捐赠，还需提供个人所得税公益慈善捐赠扣除明细表一份。

个体工商户业主、个人独资企业投资人、合伙企业个人合伙人、承包承租经营者个人以及其他从事生产、经营活动的个人在中国境内两处以上取得经营所得的，在分别办理年度汇算清缴后，于取得所得的次年 3 月 31 日前填报个人所得税经营所得纳税申报表（C 表）及其他相关资料，选择向其中一处经营管理所在地主管税务机关，办理年度汇总纳税申报。

（3）居民分类所得个人所得税自行申报

居民取得利息、股息、红利所得，财产租赁所得，财产转让所得，偶然所得但没有扣缴义务人的，应在取得所得的次月 15 日前，按规定向主管税务机关办理纳税申报；有扣缴义务人但未扣缴税款的，以及国务院规定的其他情形，依照税收法律、法规、规章及其他有关规定，在取得所得的次年 6 月 30 日前，就其个人所得向主管税务机关申报并缴纳税款。

进行纳税申报时，需要填报个人所得税自行纳税申报表（A 表），如图 8-9 所示。

图 8-9　个人所得税自行纳税申报表（A 表）

纳税人除了要填报并提交两份个人所得税自行纳税申报表（A 表），

还需要提供个人身份证件原件，待税务机关查验后退回。

如果纳税人存在减免个人所得税情形，还要提供个人所得税减免税事项报告表一份；如果是办理股权转让纳税申报，还需要提供股权转让双方身份证件、计税依据明显偏低但有正当理由的证明资料、具有法定资质的中介机构出具的净资产或土地房产等资产价值评估报告，以及主管税务机关要求报送的其他材料各一份。

（4）非居民个人所得税自行申报

非居民纳税人按照税收法律法规和税收协定的有关规定，就其取得的境内个人所得向主管税务机关书面报送个人所得税自行纳税申报表（A表），参考图8-9所示的格式。

如果纳税人存在减免个人所得税情形，还要提供个人所得税减免税事项报告表一份。非居民个人在次年6月30日前离境（临时离境除外）的，应当在离境前办理纳税申报。

8.3 财产和行为税的申报缴纳

财产和行为税合并纳税申报，是对城镇土地使用税、房产税、车船税、印花税、耕地占用税、资源税、土地增值税、契税、环境保护税和烟叶税等财产和行为税进行合并申报，支持不同纳税期限的税种同时申报，实现多税种"一张报表、一次申报、一次缴款、一张凭证"。但是，并不是所有的财产和行为税都会进行合并纳税申报，车辆购置税需要单独纳税申报。另外，关税和船舶吨税的纳税申报在海关部门进行。

8.3.1 关税的申报缴纳

根据《中华人民共和国进出口关税条例》的规定，纳税义务人应当依法如实向海关申报，并按照海关的规定提供有关确定完税价格、进行商品归类、确定原产地以及采取反倾销、反补贴或者保障措施等所需的资料；必要时，海关可以要求纳税人补充申报。

纳税人应当按照《税则》规定的目录条文和归类总规则、类注、章注、子目注释以及其他归类注释，对其申报的进出口货物进行商品归类，并归入相应的税则号列。

有时，纳税人还需要配合海关审查申报价格的真实性和准确性，向海关提供与进出口货物有关的合同、发票、账册、结付汇凭证、单据、业务函电、录音录像制品和其他反映买卖双方关系及交易活动的资料，以便海关查阅、复制。

关税的纳税申报事宜，可进入海关总署官网查询。单击"互联网＋海关"超链接。

在打开的页面中选择"税费业务"选项，在弹出的菜单中即可找到船舶吨税的征收、关税和进口环节代征税的征收以及税款滞纳金的征免等业务入口，如图 8-10 所示。登录即可查看和办理。

图 8-10　办理纳税业务

纳税申报表的填报根据海关的要求执行，这里不做展示。

8.3.2 车辆购置税的申报缴纳工作

纳税人应在向公安机关车辆管理机构办理车辆登记注册前，申报缴纳车辆购置税。后续便可凭借主管税务机关出具的完税证明或者免税证明，向公安机关车辆管理机构办理车辆登记注册手续。

车辆购置税实行一次性征收，纳税人应自纳税义务发生之日起 60 日内办理车辆购置税申报。申报时，需要填报并提交两份车辆购置税纳税申报表、一份整车出厂合格证或者车辆电子信息单，以及车辆相关价格凭证复印件一份。

这里的相关价格凭证指境内购置车辆为机动车销售统一发票或者其他有效凭证，进口自用车辆为海关进口关税专用缴款书或者海关进出口货物征免税证明，属于应征消费税车辆的还包括海关进口消费税专用缴款书。如图 8-11 所示的是车辆购置税纳税申报表格式。

车辆购置税纳税申报表

填表日期：　　年　月　日　　　　　　　　金额单位：元

纳税人名称			申报类型	□征税□免税□减税	
证件名称			证件号码		
联系电话			地　址		
合格证编号(货物进口证明书号)			车辆识别代号/车架号		
厂牌型号					
排量（cc）			机动车销售统一发票代码		
机动车销售统一发票号码			不含税价		
海关进口关税专用缴款书（进出口货物征免税证明）号码					
关税完税价格		关　税		消费税	
其他有效凭证名称		其他有效凭证号码		其他有效凭证价格	
购置日期		申报计税价格		申报免（减）税条件或者代码	
是否办理车辆登记		车辆拟登记地点			
纳税人声明： 本纳税申报表是根据国家税收法律法规及相关规定填报的，我确定它是真实的、可靠的、完整的。 纳税人（签名或盖章）：					
委托声明： 现委托（姓名）______（证件号码）____________办理车辆购置税涉税事宜，提供的凭证、资料是真实、可靠、完整的。任何与本申报表有关的往来文件，都可交予此人。 委托人（签名或盖章）：　　　　被委托人（签名或盖章）：					
以下由税务机关填写					
免（减）税条件代码					
计税价格	税率	应纳税额	免(减)税额	实纳税额	滞纳金金额
受理人： 年　月　日		复核人（适用于免、减税申报）： 年　月　日		主管税务机关（章）	

图 8-11　车辆购置税纳税申报表

如果免税、减税车辆因转让、改变用途等原因不再属于免税、减税范围（发生二手车交易行为），纳税人还应提供二手车销售统一发票原件及复印件一份；其他情形，按照相关规定提供申报材料。

8.3.3　其他财产和行为税的合并纳税申报

企业涉及城镇土地使用税、房产税、车船税、印花税、耕地占用税、资源税、土地增值税、契税、环境保护税和烟叶税中的一种或几种税收的，在规定的纳税期限内，统一填报财产和行为税纳税申报表及相关资料，向税务机关进行纳税申报缴纳相关税费。如图 8-12 所示是财产和行为税纳税申报表。

财产和行为税纳税申报表

纳税人识别号（统一社会信用代码）：□□□□□□□□□□□□□□□□□□

纳税人名称：　　　　　　　　　　　　　　　　　金额单位：人民币元（列至角分）

序号	税种	税目	税款所属期起	税款所属期止	计税依据	税率	应纳税额	减免税额	已缴税额	应补（退）税额
1										
2										
3										
4										
5										
6										
7										
8										
9										
10										
11	合计	–	–	–	–	–				

声明：此表是根据国家税收法律法规及相关规定填写的，本人（单位）对填报内容（及附带资料）的真实性、可靠性、完整性负责。

纳税人（签章）：　　　　　　　年 月 日

经办人： 经办人身份证号： 代理机构签章： 代理机构统一社会信用代码：	受理人： 受理税务机关（章）： 受理日期：　　年 月 日

图 8-12　财产和行为税纳税申报表

这些税种在进行纳税申报时需要注意以下几点：

◆　申报城镇土地使用税、房产税。

申报城镇土地使用税、房产税的纳税人，还要提供两份城镇土地使用税 房产税税源明细表。

◆　申报车船税。

申报车船税的纳税人，还要提供两份车船税税源明细表。

车船税由扣缴义务人代扣代缴的，扣缴义务人应及时解缴代扣代缴的税款和滞纳金，并向主管税务机关申报。扣缴义务人向税务机关解缴税款和滞纳金时，应当同时报送明细的税款和滞纳金扣缴报告。

◆ 申报印花税。

申报印花税的纳税人，还要提供两份印花税税源明细表。

◆ 申报耕地占用税。

申报耕地占用税的纳税人，还要提供两份耕地占用税税源明细表。

◆ 申报资源税。

申报资源税的纳税人，还要提供两份资源税税源明细表。

◆ 申报土地增值税。

申报土地增值税的纳税人，还要提供两份土地增值税税源明细表。

纳税人申报缴纳土地增值税时，需要向税务机关提交房屋及建筑物产权、土地使用权证书，土地转让、房产买卖合同，房地产评估报告，以及其他与转让房地产有关的资料。而且，该税种要区分预征申报和清算申报。

◆ 申报契税。

申报契税的纳税人，还要提供两份契税税源明细表，一份不动产权属转移合同原件及复印件，以及经办人身份证件原件及复印件一份。其他不同情形需要提供的资料，参考国家税务总局官网中办税指南的说明。

另外，根据《中华人民共和国契税法》的规定：纳税人应在依法办理土地、房屋权属登记手续前申报缴纳契税。纳税人未按照规定缴纳契税的，不动产登记机构不予办理土地、房屋权属登记。

纳税人办理纳税事宜后，会收到税务机关开具的契税完税证明。纳税人在依法办理土地、房屋权属登记前，权属转移合同、权属转移合同性质凭证不生效、无效、被撤销或者被解除的，可以向税务机关申请退还已缴纳的税款，税务机关应依法办理。

◆　申报环境保护税。

申报环境保护税的纳税人，还要提供两份环境保护税税源明细表。

◆　申报烟叶税。

申报烟叶税的纳税人，还要提供两份烟叶税税源明细表。

享受这些财产和行为税优惠的纳税人，需要提供两份财产和行为税减免税明细申报附表以及各税种申报规范确定的其他减免税证明材料。

读 者 意 见 反 馈 表

亲爱的读者：

感谢您对中国铁道出版社有限公司的支持，您的建议是我们不断改进工作的信息来源，您的需求是我们不断开拓创新的基础。为了更好地服务读者，出版更多的精品图书，希望您能在百忙之中抽出时间填写这份意见反馈表发给我们。随书纸制表格请在填好后剪下寄到：北京市西城区右安门西街8号中国铁道出版社有限公司大众出版中心 王宏 收（邮编：100054）。此外，读者也可以直接通过电子邮件把意见反馈给我们，E-mail地址是：17037112@qq.com。我们将选出意见中肯的热心读者，赠送本社的其他图书作为奖励。同时，我们将充分考虑您的意见和建议，并尽可能地给您满意的答复。谢谢！

- -

所购书名：_____

个人资料：

姓名：_____ 性别：_____ 年龄：_____ 文化程度：_____

职业：_____ 电话：_____ E-mail：_____

通信地址：_____ 邮编：_____

- -

您是如何得知本书的：

□书店宣传 □网络宣传 □展会促销 □出版社图书目录 □老师指定 □杂志、报纸等的介绍 □别人推荐
□其他（请指明）_____

您从何处得到本书的：

□书店 □邮购 □商场、超市等卖场 □图书销售的网站 □培训学校 □其他

影响您购买本书的因素（可多选）：

□内容实用 □价格合理 □装帧设计精美 □带多媒体教学光盘 □优惠促销 □书评广告 □出版社知名度
□作者名气 □工作、生活和学习的需要 □其他

您对本书封面设计的满意程度：

□很满意 □比较满意 □一般 □不满意 □改进建议

您对本书的总体满意程度：

从文字的角度 □很满意 □比较满意 □一般 □不满意
从技术的角度 □很满意 □比较满意 □一般 □不满意

您希望书中图的比例是多少：

□少量的图片辅以大量的文字 □图文比例相当 □大量的图片辅以少量的文字

您希望本书的定价是多少：

本书最令您满意的是：

1.

2.

您在使用本书时遇到哪些困难：

1.

2.

您希望本书在哪些方面进行改进：

1.

2.

您需要购买哪些方面的图书？对我社现有图书有什么好的建议？

您更喜欢阅读哪些类型和层次的书籍（可多选）？

□入门类 □精通类 □综合类 □问答类 □图解类 □查询手册类

您在学习的过程中有什么困难？

您的其他要求：